Rua dos Inventos · Invention Street

Rua dos Inventos · Invention Street
A ARTE DA SOBREVIVÊNCIA · THE ART OF SURVIVAL

Gabriela de Gusmão Pereira

Ouro sobre Azul • 2004

To Jean-Ulrick Desert,
many thanks for the workshop!
All the best,
[signature]
Berlin 2014

"Da adversidade vivemos." | "From adversity we live." • **HÉLIO OITICICA**

À memória de minha mãe
Regina, na terra,
no céu, regente.

Para meu pai,
pelo amor incondicional.

Para André, companheiro
no caos e na gênese.

•

To the memory of my mother
Regina, on earth,
in the heavens, regent.

To my father,
for the unconditional love.

To André, companion
In chaos and in genesis.

So glad you came.

QUE BOM QUE VOCÊ VEIO

Sensibilidade e determinação são duas das muitas qualidades de Gabriela Gusmão, que temos o prazer de apresentar aqui. Gabriela lançou um olhar diferente para nosso ambiente urbano, onde apesar de totalmente mergulhados, não conseguimos nos deter e admirar devido à nossa falta de tempo crônica.

Em 2002, ano em que a IBM completou 85 anos de atuação no Brasil, o livro Rua dos Inventos, bem como a exposição que o complementa, fizeram parte das iniciativas que celebraram nossa presença no país, homenageando ao mesmo tempo a comunidade brasileira que vive e trabalha nas ruas. O sucesso foi tão grande que decidimos apoiar a reedição do livro, revista e ampliada, agora disponível também em inglês. O projeto foi integrado à iniciativa IBM Reinventando a Educação e vem sendo discutido por professores de escolas públicas brasileiras.

Pessoas, inventos e tecnologia são assuntos importantes e fazem parte do universo IBM. Não foi por acaso que o olhar de Gabriela chamou a atenção do nosso. Uma empresa que lidera a lista de novas patentes e investe pesado em tecnologia de ponta não poderia deixar de se encantar com os objetos fascinantes inventados por pessoas da comunidade.

O projeto Rua dos Inventos reúne invenções originais encontradas nas ruas do Rio de Janeiro, Salvador, São Paulo e outras cidades de nosso país. Inventos que aconteceram e acontecem diariamente, buscando atender necessidades e desejos de seus criadores.

A dedicação de Gabriela ao assunto nos oferece uma oportunidade única – a de podermos apreciar inúmeras dessas invenções de rua, simultaneamente. Apreciar e aprender com elas. Aprender sobre as possibilidades da imaginação humana, sobre o ambiente que nos cerca e sobre nós mesmos.

O olhar constante, desacelerado e competente que Gabriela nos empresta altera definitivamente o nosso. De agora em diante será difícil ignorar e não sentir emoção alguma ao nos depararmos com esses geniais inventos e seus autores, que seguem emprestando significado e buscando fazer sentido. A todos eles, o nosso reconhecimento, admiração e agradecimento. À Gabriela, o nosso muito obrigado e um pedido: que o seu olhar continue cada vez mais nítido, abrindo os olhos de todos nós, pessoas tão apressadas, permitindo nosso encontro com a criatividade do outro a cada esquina.

Sensitivity and determination are two of the manifold qualities of Gabriela Gusmão, whom we have the pleasure of introducing here. Gabriela has shed a different light on the urban environment in which we are totally immersed. Regrettably, this is an environment we seem unable to admire due to our chronic lack of time.

In 2002, the year IBM commemorates its 85th year of operations in Brazil, the book **Invention Street** and the expo complementing it were part of the initiatives that celebrated our presence in the country, while paying a tribute to the Brazilians who live and work in the street. Success was so great that we decided to support the book's new edition, reviewed and enlarged, and now also available in English. The project was integrated into IBM's Initiative "Reinventing Education" and has been discussed by Brazilian public school teachers.

People, inventions and technology are important matters and they are all part of IBM's world. It was not by chance that Gabriela's new vision came to our attention. A leading company of new patents investing heavily in state-of-the-art technology could not fail to marvel at the fascinating objects invented by people from the community.

The **Invention Street** project puts together original inventions found on the streets of Rio de Janeiro, Salvador, São Paulo and other cities and towns of our country. Inventions that were and are created every day, fulfilling the needs and wishes of their authors.

Gabriela's dedication to the subject offers a unique opportunity – the opportunity for us to appreciate the many street inventions and at the same time to learn from them. To learn about the possibilities of human imagination, about the environment around us and about ourselves.

Gabriela's constant, calm and competent insight changes ours forever. From now on it will be hard to ignore and not to be thrilled whenever we meet these brilliant authors and their inventions. Inventions that continue to convey meaning while trying to make sense. To all of them, we offer our acknowledgment, admiration and gratitude. To Gabriela, our many thanks and a request – that her vision continues to be clear enabling us, who don't have time to stop and listen, to notice people's creativity everywhere.

Patrícia Menezes
EXECUTIVA DE PROGRAMA DE RESPONSABILIDADE SOCIAL • SOCIAL RESPONSABILITY PROGRAMS EXECUTIVE

Sumário · Contents

Prefácio • Preface	15
Apresentação • Presentation • **Paulo Sergio Duarte**	19
Pré-fala à edição bilíngüe • Before-words to the bilingual edition	23
Inventário de Inventos • Inventory of Inventions	25
Da Necessidade • From Need	31
• **Inventos Ambulantes** • Roaming Inventions	
Instrumentos de Trabalho • Work Tools	42
Mobiliário Sólido Residual • Solid Residual Furniture	72
Utensílios • Utensils	84
Objetos Lúdicos • Playful Objects	94
Inventos Tipográficos • Typographic Inventions	110
• **Inventores Perambulantes** • Wandering Inventors	
Dona Júlia	125
Célia	132
Célia Regina e Evair	136
Daniel	148
Seu Veríssimo	150
Dona Pequena	154
João Paixão	167
• **E alhures?** • And Elsewhere?	
Jean	183
Kid	187
Turcos	196
Referências • References	204

Chapéu sexual • Invento de Walmir.
Sexual hat • Walmir's invention.

Prefácio

"Esse chapéu, ele muda a pessoa, toda a pessoa.
Chapéu Sexual.
Ela não é aquela pessoa, vai ser outra pessoa.
Eu comi um pimentão, um pedaço de nervo, bebi uma água.
Não me purifiquei? Me transformei.
O vento do coqueiro faz massa de homem. Aquele coco é quem fez o sol.
Quem fez o sol foi o coqueiro. Eu fui pegar minha fibra no coqueiro.
Sou igual uma planta verde. Meu sangue é verde.
O homem é uma massa velha.
Muitos homens não aprendeu a viver o espírito.
Eu não acredito em nada.
Na criança tudo foi criado.
Tudo tem mistério e eu conheço esse mistério de onde vem.
Eu sou um teológico de todas as coisas que existem na Terra.
Eu não sou feijão nem macarrão dos outros.
Eu sou de outro planeta. Eu que fiz a massa do mar, a massa do sol.
Eu sou do planeta do mar.
Deus, ninguém vê ele, nem Buda, nem bunda grande.
Deus não gosta de bunda grande.
Quantos anos eu já paguei de penitência?
Tem gente que ignora os outros.
Fica rezando, rezando, vai pra igreja rezar. Eu não entro em igreja.
O malandro nunca me arrebentou.
Quem me arrebentou foi o cristão da igreja
com um cacete metido a academia.
Eu não gosto de academia." • **WALMIR**

Fala de Walmir registrada por meio de transcrição simultânea, sem gravador. Rio de Janeiro, 2000.
Walmir é "teológico de todas as coisas que existem na Terra" e andarilho.

Preface

"This hat, it changes the person, the whole person.

Sexual Hat.

She's not that person, will be another person.

I ate a pepper, a piece of nerve, drank some water.

Didn't I purify myself? Transformed myself.

The wind from the coconut tree makes mass of man. That coconut is who made the sun.

The one who made the sun was the coconut tree. I went to get my fiber in the coconut tree.

I'm like a green plant. My blood is green.

Man is an old mass.

Many men haven't learned to live the spirit.

I don't believe in anything.

In the child everything was created.

Everything has mystery and I know this mystery from where it comes.

I am a theologian of everything that exists on earth.

I am not others' beans or spaghetti.

I am from another planet. I am the one who made the sea mass, the sun mass.

I am from the sea planet.

God, nobody sees him, not even Buda, not even big butts.

God doesn't like big butts.

How many years of penitence have I paid?

Some people ignore others.

Keep praying, praying, go to church to pray. I don't set foot in church.

The scoundrel never beat me.

The one who beat me was the church Christian

with a gym-type prick.

I don't like gyms." • **WALMIR**

Walmir's speech transcribed simultaneously, without a tape recorder. Rio de Janeiro, 2000.
Walmir is a "theologian of everything that exists on earth" and drifter.

As Tecnologias da Sobrevivência na "Rua dos Inventos"
The Survival Technologies in the "Invention Street"

O ensaio de Gabriela de Gusmão Pereira pode ser apresentado pelo crítico ou historiador da arte? Tratando de sistemas de objetos, ao qual acrescentou um conjunto de sujeitos – é a própria Gabriela que organiza o seu assunto dessa forma –, a investigação se encontra muito mais próxima dos estudos heterodoxos de design (logo nos lembramos de Victor Papanek, Reyner Banham, até mesmo Gui Bonsiepe e suas preocupações com a vocação da disciplina em condições adversas) ou da antropologia urbana. Portanto, seria mais natural, conforme a convenção, que o especialista de uma dessas áreas estivesse escrevendo no meu lugar. Digo logo que, ao aceitar a agradável empreitada, pensei menos em invadir searas alheias do que nas saudáveis provocações à teoria da arte, num país ainda pobre e de periferia, que podem estar contidas neste trabalho sobre objetos inventados por moradores de rua, pequenos prestadores de serviços e vendedores ambulantes – os camelôs do Rio de Janeiro ou marreteiros de São Paulo.

Vamos logo descartar qualquer ingenuidade neste estudo, apesar de seu tom despretensioso. Na leitura nos defrontamos o tempo todo com a aguda consciência das características peculiares de seu objeto, chamando a atenção para pontos que contrariam o

Can Gabriela de Gusmão Pereira's exercise be presented by an art critic or historian? Dealing with object systems, to which she added a group of subjects – it is Gabriela herself who organized the theme in this manner –, the investigation finds itself much closer to the heterodox studies on design (we are reminded of Victor Papanek, Reyner Banham, even Gui Bonsiepe and his concerns with the vocation of the discipline in adverse conditions) or to urban anthropology. Therefore, it would be more natural, according to convention, that a specialist from one of these areas write in my stead. I'd like to state, up front, that in accepting this pleasant task I thought less about invading neighboring fields, more about a healthy tease of art theory, in a still poor and peripheral country, that may be contained in this work on objects invented by street dwellers, small service providers and mobile salesmen – Rio de Janeiro's hawkers or São Paulo's street venders.

From the outset, let us discard any naiveté in this study, despite its unassuming tone. Throughout the reading we are constantly confronted with the sharp awareness of the objects' specific characteristics, highlighting points which defy common sense and the trendy jargon such as "marginal, but not excluded" objects. This does not stop her from confessing that what guided her "was always the affection for and interest in inventive works created

---

Mitsbichi. • Invento de Zé, Botafogo, RJ.

Mitsbichi. • Invention by Zé, Botafogo, RJ.

senso comum e o jargão da moda como o de objetos "marginais, mas não excluídos". O que não a impede de confessar que o que a guiou "foi sempre o afeto e o interesse por obras inventivas criadas por pessoas que, muitas vezes, vivem em condições materiais de miséria, com toda nobreza e dignidade". O pequeno estudo, como um metrônomo, balança todo o tempo entre esses dois pólos: o esboço cuidadoso de um modelo capaz de se aproximar do fenômeno e sua complexidade, e a necessária empatia pelos agentes produtores de seu objeto. Dependendo do ponto de vista, há quem veja nessa ausência de distanciamento um prejuízo para os resultados do estudo. Na verdade, a empatia é o próprio motor do trabalho, são as afinidades eletivas entre uma ideologia solidária e a vida dos mais humildes que deslocam o foco do instrumental teórico do estudo de assuntos academicamente mais aceitáveis, dos quais poderia facilmente dar conta, para essa "tralha" complicada que, muitas vezes, está atrapalhando o trânsito como o cadáver do operário na canção de Chico Buarque.

Gabriela detecta um universo para o qual poucos prestam atenção. Na verdade, é enorme o abismo cotidiano entre a vida dos eleitos e a dos sobreviventes no mundo contemporâneo. E assume riscos quando tenta articular o esboço de seu modelo a um suposto indicador de características particulares à situação das populações urbanas pobres do Brasil, embora reconheça que processos semelhantes ocorrem nas grandes cidades do Norte ao Sul do planeta. Entretanto, aquém dessa hipótese arriscada, corajosa e necessária de encontrar características

by people who often live in conditions of material poverty with dignity and nobility". The small study, like a metronome, is always swinging between these two poles: the careful draft of a model capable of approaching the phenomenon and its complexity, and the necessary empathy with the productive agents of its object. Depending on the point of view, there are those who would see in this absence of detachment, a shortfall for the results of the study. In reality, empathy is the very motor driving this work, it is the elective affinities between a solidary ideology and the life of the more simple folk which dislocate the focus of the theoretic instrument of the study from more acceptable academic subjects, which could have easily been undertaken, to this complicated "stuff" that at times creates gridlock, like the worker's corpse in the middle of the street in that song by Chico Buarque.

Gabriela detects a universe to which few pay attention. Actually, there is a huge daily abyss between the life of the elected and that of the survivors of the contemporary world. She also takes on considerable risk in trying to articulate the outline of her model to a supposed indicator of characteristics specific to the situation of the poor urban populations of Brazil, although acknowledging that similar processes are ongoing in large cities across the globe. Nevertheless, besides this risky, daring and necessary hypothesis of finding local qualities, ample material exists for further developments, starting when the author brings up the issue of form: "I consider these concoctions to be informal – referring to their casual nature, the characteristic lack of rigor in the employed elaboration methods –, despite the plastic form of the inventions, having inspired this exercise, being worthy of appreciation". A whole aesthetics of the technologies

locais, já existe muito material para desenvolvimentos futuros, a começar quando a autora aponta para a questão da forma: "Considero esses engenhos informais, no sentido de seu natural despojamento, da informalidade característica aos métodos empregados na sua elaboração, ainda que a forma plástica dos inventos seja digna de apreciação". Toda uma estética das tecnologias da sobrevivência pulsa nas engenhocas e artefatos apresentados neste estudo e que exigem ferramentas teóricas adequadas que, do ponto de vista estritamente formal, acabarão por não se diferenciarem tanto daquelas que procuram compreender certas instalações e objetos da arte contemporânea.

É importante lembrar que Rua dos Inventos – a arte da sobrevivência **não se limita ao livro: poderia desdobrar-se numa exposição. Deslocados por Gabriela para o espaço de uma instituição cujas funções no sistema da arte são claramente delimitadas, objetos tais que o Trio Eletricafezinho ou o Mitsbichi terão seu estatuto redefinido? Perderão seu vigor específico quando retirados da malha urbana, a cujo tecido pertencem, e serão vistos, agora, com outros olhos? Não tenho dúvida de que para uma certa teoria da arte, a pretexto de rigor, eles se manterão mera curiosidade gerada pela inteligência de miseráveis. Prefiro pensar que Gabriela está desenhando o esboço de uma anatomia das tecnologias urbanas da sobrevivência / dos sobreviventes, às quais virá se somar a interpretação dos sonhos marginais. E isto estará contido num campo expandido da arte.

of survival throbs in the gadgets and artifacts presented in this study which also require adequate theoretic tools that, from the strictly formal point of view, end by only slightly differing from those that seek to understand certain contemporary art installations and objects.

It is important to keep in mind that **Invention Street – the art of survival** is not limited to this book: it could unfold in an exhibit. Displaced by Gabriela to a space in an institution whose functions in the art system are clearly mapped out, would objects such as the Coffee Bandwagon or the Mitsbichi have their statute redefined?

Would they lose their specific vigor when removed from the urban fiber, material to which they belong, and now being seen through other eyes? There is no doubt in my mind that to a particular theory of art, under the pretext of rigor, they will remain mere curiosities generated by the intelligence of the miserable. I'd much rather think that Gabriela is sketching an anatomy of urban survival technologies / technologies of the survivors, which will come to join the interpretation of marginal dreams. And this will be contained in an expanded field of art.

PAULO SERGIO DUARTE • RIO DE JANEIRO, JUNHO DE 2002

"A rua é um fator da vida nas cidades, a rua tem alma"
"The street is a factor of life in the cities, the street has a soul." • JOÃO DO RIO

Pré-fala da edição bilíngüe · Before-words to the bilingual edition

Onde se reconhece a presença invisível no objeto inesperado, há comunicação entre quem vê o feito e o sujeito que deixou sua marca, seu carimbo, sua intenção, sinais de sua vida na peça inventada – que pode não existir amanhã.

Nos primeiros encontros com os inventores da arte da sobrevivência, em 1998, percebi a necessidade do registro das manifestações efêmeras que se criam e se perdem diariamente. Mesmo que nosso inventário de inventos seja ínfimo, frente à imensidão do universo material urbano, os fragmentos que estão aqui refletem o quase todo ausente.

A **Rua dos Inventos** nasceu no Rio de Janeiro, mas corre por muitas cidades e estados de todos os países. Na primeira edição em 2002, embora o material bruto já contasse com fotografias e depoimentos de inventores estrangeiros, preferi incluir somente os casos encontrados no Brasil.

Quando surgiu a possibilidade da nova edição, fui pescar engenhos inéditos nos arquivos para formar a sessão "E Alhures?". E, com verdadeira satisfação, voltei às ruas munida das boas e velhas companheiras – Pentax K1000 e Yashica A – meus instrumentos de trabalho.

Com as novas imagens, a versão bilíngue se torna o prolongamento de nosso mapa de inventos urbanos que se amplia no real e na impressão.

Where the invisible presence of the unexpected object is acknowledged, there lies communication between he who sees the work and he who left his mark, his stamp, his intention, signs of his life on the invented piece – which may not exist tomorrow.

In the first encounters with the inventors of the art of survival, in 1998, I noticed the need to map the fleeting manifestations, which are, everyday, created and lost. Despite the insignificance of our inventory of inventions when faced with the immensity of the urban material universe, the fragments placed here reflect the near absolute absence, the whole which is missing.

The **Invention Street** was born in Rio de Janeiro, but runs through many cities and states of all countries. In the first edition in 2002, although the bulk of the material already contained photographs of and depositions made by foreign inventors, I decided to include only the cases found in Brazil.

When the possibility of a new edition arouse, I scavenged the files for original gadgets to compose the section "And Elsewhere?". And with true satisfaction, I returned to the streets armed with good old partners – Pentax K1000 and Yashica A – my tools of labour.

With these new images, the bilingual version becomes an extension of our map of urban inventions being amplified and imprinting reality in print.

GABRIELA DE GUSMÃO PEREIRA

Inventário de Inventos • Inventory of Inventions

Por este ensaio, fruto de meus devaneios sobre o espaço público, registro um breve testemunho, detalhe na vastidão desse universo. Foi batizado de Rua dos Inventos sob a inspiração da utopia que alimenta minha crença na possibilidade de reconstrução da realidade pelo olhar transfigurado de um passante desatento às preocupações, mas alerta ao brilho do sol no canto da lata abandonada na esquina. Através de casos particulares, exponho traços e peculiaridades que identificam alguns aspectos da cultura material urbana, especialmente da cidade do Rio de Janeiro.

Também se apresentam, embora em menor quantidade, inventos encontrados em outras cidades do Brasil – Fortaleza, Salvador e São Paulo. Recentemente, casos registrados em Nova Iorque, Paris e Istambul foram incorporados ao acervo. Todas as situações refletem o olhar que, simplesmente, procura dialogar com o que reconhece sem estabelecer comparações.

Deseduquei minha visão a ponto de me ocupar, principalmente, de "inutilezas" ou "grandezas do ínfimo", como diz o poeta Manoel de Barros com sua graça verbal. E procurei colher, na rua, imagens de uma evidência quase invisível. Arranjos de objetos achados, improvisados ou inventados para desenhar a realidade inadiável, a cada dia.

Reunindo as fotografias e os relatos recolhidos de agosto de 1998 a julho de 2001, montei um "inventário de inventos", onde, além de assinalar o caráter

By means this exercise, fruit of my day dreams about the public space, I register a brief testimony, a detail of the vastness of this universe. It was baptized **Invention Street** inspired by the utopia that nurtures my faith in the possibility of rebuilding reality through the transfigured gaze of that passerby, unmindful of the concerns, but aware of the sun shining upon the edge of a can abandoned on the street corner. Through specific cases, I display traces and particularities that identify some aspects of the urban material culture especially that of the city of Rio de Janeiro.

Although in smaller number, other inventions found in other Brazilian cities – Fortaleza, Salvador and São Paulo – also presented themselves. More recently, cases documented in New York, Paris and Istanbul were incorporated into the collection. All the situations reflect the gaze that merely seeks to communicate with what it recognizes, making no comparisons.

I untrained my vision to the point of engaging myself, mainly, with the "inutleties" or "grandeurs of the insignificant", as the poet Manoel de Barros puts it with his typical verbal grace. I also sought to collect, in the streets, images of a near invisible evidence. Arrangements of found, improvised or invented objects used to draw the inescapable reality, every day.

By gathering the photographs and reports made from August 1998 to July 2001, I mounted an "inventory of inventions" where, besides signaling to the revealing documentary character of certain particularities of this uni-

Ceia de Natal. • Christmas Feast.

documental revelador de especificidades desse universo, procuro refletir sobre alguns conceitos referentes aos engenhos apontados, tais como necessidade, projeto, plano, intenção e desenho, entre outros. E, a meu modo, arrisco esboços gráficos de alguns objetos, fornecendo mais um meio de representação e acrescentando informações sobre dados curiosos ou detalhes estruturais.

Observando diversas peças feitas à mão, uma a uma, próprias das condições oferecidas na rua, onde se sobrevive com pouco ou quase nada, identifiquei aspectos notáveis que dizem respeito a um modo precário, mas efetivo, de confecção de artefatos. Distinguem-se os que surgem de um impulso interno de criação, de outros casos em que um estado de carência e de privação força o indivíduo a desenhar estratégias para sobreviver. Nas diversas circunstâncias, reconheço a presença de elementos concernentes ao conceito de projeto, pois são peças produzidas ou desenvolvidas para satisfazer a uma demanda e em que, a cada situação, se emprega uma instrumentação própria, conforme os meios disponíveis para que se tenha como resultado final um produto capaz de atender a determinadas necessidades.

Nos casos que estamos considerando, a demanda pode ser por peças únicas e o improviso se observa como principal método de desenvolvimento dos projetos. Assim, o que pareceria ausência de método formal constitui, pela repetição de um modo de agir não premeditado, um sistema, fortalecendo ainda mais o caráter projetual desses produtos. Paradoxalmente, improviso e planejamento são especificidades comuns a esses projetos pobres em recursos

verse, I attempted to reflect on some concepts referring to the highlighted devices, such as need, project, plan, intention and drawing, among others. Also, in my own way, I risk graphic sketches of a few objects, offering another means of representation and adding information on intriguing extras or structural details.

Observing various handmade pieces, one by one, emblematic of the conditions offered on the streets, where one survives with little or almost nothing at all, I identified remarkable aspects partial to a precarious, but efficient, means of artifact manufacture. Those surging from an internal creative impulse are distinct from others wherein the state of poverty and hardship forces the individual to design strategies in order to survive. In the range of circumstances, I recognize the presence of elements in tune with the concept of project, for these are pieces produced or developed to satisfy a demand and that, in each situation, a specific instrumentation is employed, according to the available means so that the resulting product is capable of meeting set needs.

In the cases we are considering, the demand may be for one-off pieces and improvisation is observed as the leading method for developing these projects. Therefore, what could seem like an absence of formal method, in the repetition of an unpremeditated way of doing, actually constitutes a system, strengthening further the design quality of these products. It seems paradoxical that improvisation and planning are common characteristics of these projects, which while poor in resources and lacking in sophistication, are loaded with intention and purpose.

The aim of this book on the material universe of the streets is, above all, an attempt to capture the human values present in these objects, in my view significant

e pouco requintados, porém carregados de intenção e de propósito.

O sentido deste livro sobre o universo material das ruas consiste, acima de tudo, na tentativa de captação dos valores humanos presentes nesses objetos a meu ver significativos e relevantes para a cultura material brasileira, principal foco de interesse desse trabalho.

Para organizar e distinguir os diferentes casos, foram agrupados em uma sessão à parte os registros estrangeiros aos quais se destina a parte final do livro. "E Alhures?" reúne o americano Kid, o parisiense Jean, alguns turcos que trabalham nas ruas de Istambul como engraxates ou vendedores e todos os cidadãos do "mundo dos inventos", inclusive os ausentes. Os encontros inesperados com aqueles que conheci parecem um forte sinal de que todos os países devem estar repletos de situações como as que vemos nas esquinas das cidades brasileiras. Imagino como serão as ruas chinesas, indianas, mexicanas...

Voltando ao Brasil, optei por dividir a parte documental em dois grandes grupos: inventos ambulantes e inventores perambulantes.

O primeiro subdivide-se em categorias de objetos que possuem características semelhantes, a saber: instrumentos de trabalho; mobiliário sólido residual; utensílios; objetos lúdicos e inventos tipográficos.

O segundo grupo foi criado para apresentar algumas pessoas que trabalham ou vivem na rua e participaram mais efetivamente (e afetivamente) do trabalho, ao longo de seu processo de estruturação: Dona Pequena; o casal Célia Regina e Evair; Célia; Seu Veríssimo; Dona Júlia; Daniel e João Paixão.

and relevant to Brazilian material culture, the main focus of interest of this work.

In order to organize and set apart the different cases, the foreign manifestations — to which the last part of the book is devoted — were grouped in a separate section. "And Elsewhere?" contains the American Kid, the Parisian Jean, a few Turks working in the streets of Istanbul as shoe shiners or vendors, and all the citizens of the "invention world", even the absentees. The unexpected encounters with those I met seem a strong indication that all nations are filled with situations like the ones we see in Brazilian city corners. I can hardly imagine what the Chinese, Indian, Mexican streets are like...

Back to Brazil, I have chosen to divide the documentation into two large groups: roaming inventions and wandering inventors.

The first is subdivided into categories of objects possessing similar characteristics, these are: work tools; solid residual furniture; utensils; playful objects and typographic inventions.

The second group was devised to present some people who work or live on the streets and took part, very efficiently (and affectionately), in the process of structuring the work: Dona Pequena; the couple Célia Regina and Evair; Célia; Seu Veríssimo; Dona Júlia; Daniel and João Paixão. Knowing them has allowed me to identify, every time we met, inventions of various natures, many of which could easily fit into the roaming inventions category. Nevertheless, I opted to reserve them a special place.

The order may appear arbitrary but nothing that is presented here is put randomly. If the criteria for classification do not sit on conventional ground or on a more

Conhecê-los permitiu que eu identificasse, a cada vez que nos encontramos, inventos de naturezas diversas, muitos dos quais poderiam ser facilmente encaixados na qualificação de inventos ambulantes. No entanto, preferi reservar um espaço especial para eles.

O ordenamento pode parecer arbitrário, mas nada do que se apresenta aqui está disposto de forma aleatória. Se os critérios de classificação não se apóiam em bases convencionais ou em uma lógica de projeto mais corriqueira, isso se deve, entre outras coisas, à imprecisão do próprio assunto.

O que me guiou foi sempre o afeto e o interesse por obras inventivas criadas por pessoas que, muitas vezes, vivem em condições materiais de miséria, com toda nobreza e dignidade. A aparente desimportância de determinados objetos não reduz a essência de seu valor para os despossuídos, que desenham mecanismos e estratégias de real precisão.

current design logic, this is due to, among other things, the imprecise boundaries of the subject matter.

What guided me was always the affection for and interest in inventive works created by people who often live in conditions of material poverty with dignity and nobility. The apparent unimportance of some objects does not reduce the essence of their value to the destitute, who design mechanisms and strategies of real exigency.

Trabalho de Jean. • Jean's work

Trio Eletricafezinho • Coffee bandwagon.

Da Necessidade • From Need

Nas páginas-esquinas e linhas-calçadas do livro Rua dos Inventos, **despontam engenhos de toda natureza, de múltiplas faces, dos quais só pude colher pequena amostra de uma vasta produção.**

Essa criação resulta, sobretudo, da necessidade do homem da rua. A luta árdua no dia-a-dia da própria sobrevivência na cidade conduz a um modo peculiar de produção de artefatos. É que, como repete a sabedoria popular de Seu Veríssimo, "a necessidade obriga". Da necessidade surge o problema ou situação oportuna ao desenvolvimento de um projeto e, em conseqüência, uma solução a partir de elementos que se encontram no meio ambiente, no caos das ruas.

Não é novidade que o lixo, no Brasil, é uma fonte de sobrevivência para centenas de milhares de famílias. Adultos e crianças com idade a partir de dois anos catam latas e papéis nos lixões. No estado do Rio de Janeiro, milhares de crianças enfrentam essa situação. Pelo mundo afora, a situação se repete em proporção inimaginável. Existe um grande público e um enorme potencial em torno dos problemas que envolvem o material descartado e capaz de desempenhar múltiplas funções antes de chegar aos lixões. Ainda que seja pequena a representatividade dessa prática de aproveitamento em relação a todo o lixo aterrado, percebo que, frente à nossa realidade, é importante

In the corner-pages and curb-lines of the book **Invention Street**, creations from all walks of life, displaying multiple faces standout, a vast plethora of production from which I could amass only a small sample.

Said creation results, above all, from the need of the street dweller. The painstaking daily battle for survival in the city leads to a very peculiar means of producing artifacts. This is so because, echoing Seu Veríssimo's popular adage, "need makes it so". From need springs the problem or the opportunistic situation for developing a project and, consequently, a solution from elements that are found in the environment, in the chaos of the streets.

It is known that garbage, in Brazil, is a source of survival for hundreds of thousands of families. Adults and children from the age of two pick cans and paper in garbage dumps. In the State of Rio de Janeiro, thousands of children face this situation. All over the planet, the situation repeats itself to unimaginable degree. There is a large audience and huge potential surrounding the problems involving discarded material which is still capable of serving multiple functions before reaching the dumps. Although, in quantitative terms, the amount of material being used in this fashion is small compared to the total volume of discarded garbage, I cannot help but notice that, in view of our reality, it is important that more and more projects dealing, direct or indirectly, with the issue at hand be created.

Jean e os pombos na calçada.
Jean and the pigeons on the sidewalk.

que sejam desenvolvidos mais e mais projetos ligados a isso, direta ou indiretamente.

Grande parte dos objetos que compõem este ensaio poderia estar no lixo. É admirável a capacidade transformadora das pessoas em relação ao universo material que as cerca. Entretanto, nada há de admirável nas condições que determinam a urgência dessa transformação.

Boa parte da população sobrevive dos restos da sociedade de consumo. As leis do mercado, porém, não funcionam para quem vive desenhando soluções e planejando estratégias de sobrevivência, que se desenvolvem nas brechas do sistema. Cada objeto desenhado, leia-se projetado, surge para suprir necessidades geradas pela injustiça e pela desigualdade sociais.

A necessidade, repita-se, provoca o surgimento de engenhos, objetos, artefatos, obras, ferramentas, instrumentos, improvisos, feitos, peças, manufaturas, troços, traquitanas, utensílios, modelos, cópias, originais, geringonças, descobertas e re-descobertas. Coisas, enfim. Alguns mecanismos criados por moradores de rua resolvem questões de sobrevivência com pouco ou nenhum recurso material. A estratégia de uso de matéria-prima encontrada no lixo para a construção de objetos e estruturas é comum. E alguns projetos desenvolvidos informalmente acabam se tornando modelos que são reproduzidos fora de série e de forma diferenciada, constituindo peças únicas.

Reconheço que encontrar um conceito que abarque as diversas propriedades dessas criações constitui trabalhosa tarefa que, por certo, não teria oportunidade neste ensaio e seus limitados propósitos.

A large portion of the objects which makes up this exercise could be in the trash bin. People's transformational capacity in relation to the material world that surrounds them is admirable. However, there is nothing to be admired in the conditions which determine the urgency of this transformation.

A considerable slice of the population survives on the leftovers of the consumer society. The laws of the market, regrettably, do not apply to those who draw solutions and plan survival strategies, for those growing in the cracks of the system. Each drawn, read designed, object comes to resolve needs brought on by social injustice and inequality.

Need, it should be repeated, summons the appearance of gadgets, objects, artifacts, works, tools, instruments, improvisations, acts, pieces, manufactures, junk, trinkets, utensils, models, copies, originals, knickknacks, discoveries and rediscoveries. Just things. Some mechanisms devised by street dwellers solve survival issues making use of little or no material resource. The strategy of using raw materials found in junkyards for building objects and structures, is a common one. Some creations furthered informally become models, inspire one-off reproductions and differentiation, constituting, thus, unique original pieces.

I realize that rounding up concepts to circumscribe the diverse properties of these creations represents a laborious task, much too great for the restrictive intent of this exercise. I consider these concoctions to be informal – referring to their casual nature, the characteristic lack of rigor in the employed elaboration methods –, despite the plastic form of the inventions, having inspired this exercise, being worthy of appreciation.

"As invenções são produto da necessidade e não o contrário."
"Inventions are a product of need and not the other way around." • **MILTON SANTOS**

Considero esses engenhos informais – no sentido de seu natural despojamento, da informalidade característica dos métodos empregados na sua elaboração –, ainda que a forma plástica dos inventos, inspiradora deste ensaio, seja digna de apreciação. Vindos de um impulso interno que atende a necessidades específicas, não têm sua forma submetida a imposições do mercado ou da academia. São artefatos tecnicamente desvinculados de expectativas convencionais, embora apresentem forma própria, intencional e autêntica. Podem ser vistos como marginais, por se realizarem à margem do sistema industrial e do mercado de consumo; fora do âmbito da sociedade dominante ou, até mesmo, da lei. Ocorre, entretanto, que inventores e inventos estão inevitavelmente inseridos nesta mesma sociedade, por mais que tentem impor-lhes o rótulo da exclusão. Anônimos, pois de autoria não conhecida. Ainda que, cabe assinalar, se em tais criações a assinatura não é firmada, cada peça carrega, não obstante, a personalidade do autor. Está impregnada da intenção de quem fez, o que afasta a idéia de objeto apenas espontâneo. Em alguns casos, não conhecemos o autor e não sabemos o nome da obra, quando as coisas mesmas não têm nome. Tais objetos poderiam ser de autoria de qualquer um, indistinta ou indiscriminadamente.

Por outro lado, não se pode desprezar, em tais artefatos, seu aspecto social, visto que são destinados a facilitar a vida dos indivíduos, representando atuações pessoais de luta pela sobrevivência em condições reais, em meio à sociedade. Constituem obras simples, sem excesso de requintes e costumam ser baratos,

These forms leap from an internal impulse that caters to specific needs and is not subject to impositions set out by the market or the academy. These artifacts are, technically, free from conventional expectations while still displaying a typical, intentional and authentic form. They may be seen as marginal for being conducted in the outskirts of the established industrial system and consumer market; outside the realm of the dominant society or, even, outside the law. It just so happens that inventor and inventions are inevitably inserted in that same society, try as it may, impose on them the label of exclusion. Anonymous, for being of unknown authorship. Even if, it bears stressing, in such creations the name is not signed, regardless, each piece carries with it the author's personality. It is embedded in the intention of the maker, helping to dismiss the idea of a merely spontaneous object. In some cases both author and title of the work is ignored, at times the things themselves are nameless. Such objects could be authored by anyone, indistinctive and indiscriminate.

On the other hand, one cannot overlook in such artifacts the social aspect, given that they are destined to facilitate life, representing acts of personal struggle for survival in real conditions, in the midst of society. These are simple works, having no excess sophistication and are usually cheap or cost no money. They serve popular culture, not in the folkloric sense, but in terms of the common man and thus the process of formulating cultural habits.

These concoctions lead to the transformation of one object into another unforeseen at the time of industrial production. The new takes on another function, another concept, another meaning; the original form maintained, it is nonetheless transformed.

ou não custar dinheiro, servindo à cultura popular, não no que diz respeito ao folclore, mas ao cotidiano do homem comum e, assim, ao processo mesmo de formação dos hábitos culturais.

Esses engenhos levam à transformação de um objeto em outro que não o previsto no momento da produção industrial. O novo assume outra função, outro conceito, outro significado, mesmo que mantenha a forma original, transfigurando-a.

Os métodos surpreendidos nos inventos de rua são alheios ou mesmo antagônicos aos tradicionalmente reputados com a condição *sine qua non* para que um objeto seja considerado fruto do *design*. Não são peças produzidas industrialmente, a partir de uma matriz que permita a reprodução seriada; não são concebidas por um *designer* profissional e não correspondem à superestrutura mercadológica. Além disso, o inventor de rua acompanha o processo e pode interferir nos resultados durante a produção. Diferentemente, o *designer* projeta, em geral, uma matriz, que será reproduzida industrialmente, através de uma linha de produção a partir da qual não serão mais possíveis interferências. O que demonstra, doutra parte, que neste particular os métodos retratados neste Rua dos Inventos estão mais próximos, por evidente similitude, dos utilizados por artesãos.

Apesar deste estudo concentrar-se em dados da cultura material urbana brasileira, pode-se afirmar que os mecanismos de que trata representam um comportamento que se observa alhures.

Não se pretende sustentar que sejam tais engenhos exclusivos do Brasil. Até porque casos concretos registrados em Nova York, Paris e Istambul fazem

The methods identified in street inventions are foreign or even antagonistic to those traditionally reputed as *sine qua non* conditions for the establishment of an object as a product of design. The pieces are not industrially produced from a mould allowing mass reproduction; they are not conceived by a design professional and show no correspondence to the market superstructure. The street inventor can also follow the process through and interfere in the outcome during production. Quite differently, the designer, normally, designs a model, that will be industrially mass-produced in a production line, a process wherein interferences are no longer possible. This demonstration grounds that, in this respect, the methods framed in this **Invention Street** share more kinship, through similarity, with those used by artisans.

Even though this study concentrates on material culture data from the Brazilian urban scene, it can be stated that the mechanisms dealt with represent behavior observable elsewhere.

We do not pretend that these concoctions are exclusive to Brazil. This is clear from the research database for **Invention Street** made up of images from concrete cases documented in New York, Paris and Istanbul. Decidedly, peculiar inventions are to be found scattered across the globe, in the most remote places. In research conducted by Maria Cecília Loschiavo in Los Angeles, Tokyo and São Paulo, similar characteristics are plain to see in production verified in all three cities. According to Loschiavo, "the product of spontaneous design is extremely present and visible in the streets of urban centers worldwide".

In my view, these creations characterize vernacular design reflecting, in a specific fashion, the reality of the region where they are found. Here we deal mostly with

parte do banco de imagens da pesquisa Rua dos Inventos. Seguramente, inventos peculiares serão encontrados espalhados pelo mundo, nos mais diversos países. Na pesquisa desenvolvida por Maria Cecília Loschiavo em Los Angeles, Tóquio e São Paulo, podem-se perceber características semelhantes entre a produção verificada nas três cidades. De acordo com Loschiavo, "o produto do *design* espontâneo é muito presente e visível nas ruas dos centros urbanos em todo o mundo".

A meu ver, tais engenhos caracterizam o desenho vernacular, refletindo de maneira própria a realidade da região em que se encontram. Aqui tratamos, principalmente, de manifestações do povo brasileiro, que com sua criatividade inata traça planos ou estratégias de sobrevivência desenvolvendo projetos, ainda que precários, irrepreensíveis, dadas as condições que os conduzem. A partir da noção ampla de que o conceito de vernáculo não diz respeito somente ao idioma, mas, de modo abrangente, ao que é "próprio de um país, nação, região"[1], pode-se concluir que tais inventos, em última análise, expressam o desenho vernacular brasileiro, para definir-se como expressão original de nosso povo.

É bem verdade que existe uma certa tendência para o aproveitamento de resíduos na criação de manifestations from the Brazilian people who, with their innate creativity, lay out plans or strategies for survival by developing projects that, while precarious, are irrepressible due to the conditions which motivate them. From the broad notion of the concept of vernacular pertaining not solely to language but more widely to what is "specific to that country, nation, region" [1], it can be inferred that such inventions ultimately express Brazilian vernacular design, by definition an original expression of our people.

It is true that there is a certain tendency towards the reuse of residue in the creation of utilitarian or purely ornamental pieces, produced by non-industrial processes in differentiated lots. Frequently, artists, designers and decorators "scavenge" the streets. Although, to some extent, their creations do find inspiration in this universe, even at times dialoguing with it, here we shall not take them into consideration for they do not reflect the real scope of this work. This work focuses on the popular drawings of personalities such as Mr. João José do Mundo [2] and other vagrants.

Discussing this topic in the bilingual edition, an issue becomes noteworthy: since the term design is foreign to us Brazilians, I saw relevance in discussing its indiscriminate use when dealing with the manifestations presented here. We chose the expression "desenho ver-

---

1 | De acordo com Aurélio Buarque de Holanda:
vernáculo: 1. Próprio da região em que existe. 2. Diz-se da linguagem pura, sem estrangeirismo; castiço. s.m. 3. O idioma de um país.
desenho: s.m. 1. Representação de formas sobre uma superfície, por meio de linhas, pontos e manchas. 2. A arte e a técnica de representar, com lápis, pincel, etc., um tema real ou imaginário, expressando a forma. 4. Traçado, projeto.

1 | According to Aurelio Buarque de Holanda:
vernacular: 1. Specific to the region where it exists. 2. Of pure language, without foreign aspects; genuine. n. 3. The language of a country.
drawing: n.1. The representation of forms on a surface, through lines, points and blotches. 2. The art and technique of representing, with a pencil, brush, etc., a real or imaginary theme, expressing form. 3. Design, project.

2 | João José do Mundo was consulted about his inventions, but requested that I don't photograph him nor circulate his interview, which I respect.

peças utilitárias ou puramente ornamentais, produzidas por processos não-industriais, em séries diferenciadas. Freqüentemente, artistas, *designers* e decoradores fazem seu "garimpo" na rua. Embora suas criações, até certo ponto, inspirem-se nesse universo e com ele dialoguem, não lhes será aqui dada atenção, porquanto este não é o real escopo deste trabalho. O presente ensaio se concentra no desenho popular de personalidades como o senhor João José do Mundo [2] e outros errantes.

Ao adotar o termo desenho não pretendo traduzir a palavra *design*. Nem pretendo me ater ao conceito de desenho, na acepção corriqueira de representação gráfica, a que em geral está associado. Antes, tenciono recuperar a acepção de projeto, intenção, planejamento, que a expressão em boa análise comporta e que lhe atribuem inclusive os melhores dicionaristas da língua portuguesa. Desde o velho e sempre escutado Moraes aos nossos festejadíssimos Aurélio e Houaiss, o verbo desenhar apresenta sentido vastíssimo [3]. O termo vernacular, por sua vez, pode referir-se ao que não foi projetado por um profissional, sendo nacular" instead of vernacular design – perhaps more predictable or plausible – in view of the regular use of the term design in Brazil and in so many other countries that adopted the use of the Anglo-Saxon word for one reason or another. In the Portuguese language, the word "desenho" is routinely used to give the idea of drawing or draft, despite its original meaning being wider, including the meaning of plan and project presented in the concept of design. Although informing the English language reader of the effects of this debate could hold some interest, it seems to me that trying to translate the passage corresponding to aforementioned discussion as well as the definitions of these words contained in the Portuguese dictionaries, could render confusion rather than illumination.

It should not be forgotten that Brazilian vernacular drawing has to do with fundamental aspects of our visual repertoire frequently overshadowed or swallowed up by the most profound misery. Understood in this way, not only the ideological misery, evident in the indiscriminant and recurrent absorption of alien standards, but also the material misery, due to the condition of

---

2 | João José do Mundo foi consultado a respeito dos inventos, mas pediu que eu não o fotografasse e, ainda, que não fosse divulgada sua entrevista, o que respeito.

3 | De acordo com Antônio Houaiss:
desenhar: 1. t. d. int. representar ou sugerir por meio de desenho; 2. t. d. fig. imitar ou criar por meios não gráficos, algo passível de ser percebido pelo espírito, pela vista, pelo ouvido; dar a idéia de, apresentar, descrever, figurar; 3. pron. apresentar-se à vista; aparecer, delinear-se, manifestar-se; 4. t. d. traçar as linhas de (um conjunto ou de dado elemento de um conjunto), de acordo com as indicações do desenho; delinear; 5. t. d. fig. elaborar projeto; conceber; planejar; projetar; 6. t. d. e pron. tornar(-se) visível, fazer ressaltar ou ressaltar o contorno, o desenho; distinguir(-se).

alheio a todas as convenções e aos ensinamentos que tratam do desenho como disciplina.

Não se perca de vista, a este propósito, que o desenho vernacular brasileiro diz respeito a aspectos fundamentais do nosso repertório visual quase sempre obscurecidos, ou subsumidos na mais profunda miséria. Entendida como tal, não somente a ideológica, que se evidencia pela indiscriminada e freqüente absorção de padrões estrangeiros, mas também pela miséria material, dada a condição de extrema pobreza, ou de penúria em que vive grande parte da população brasileira.

Esquece-se, freqüentemente, de que o rudimentar ou precário invento pode ser aproveitado como elemento construtivo de apoio ao desenvolvimento de uma identidade autêntica e própria da civilização a que pertence, neste caso, a brasileira. E, conseqüência disso, desprezam-se os valores ou os padrões nacionais, que devem servir à própria estruturação do país em todos os setores. Daí o endeusamento dos mitos e o desprezo pelo homem comum, a desestima pelo que se pode considerar como autêntica criação nacional, em favor da exaltação e do arremedo do alheio ou do alienígena.

Devo dizer que a nacionalidade brasileira não se expressa pela carência material patente no universo das coisas estudadas neste inventário de inventos. Essa faceta miserável não é, por certo, o orgulho da nação nem algo que se deva preservar como exótico ou folclórico. Esta realidade, contudo, precisa ser considerada. Os objetos são fatos concretos, flagrantes da nossa cultura material, a demonstrarem que em meio ao caos urbano germina o desenho vernacular

extreme poverty or deprivation in which a large chunk of the Brazilian population finds itself.

It is often overlooked that the rudimentary or precarious invention may be used as a constructive element supporting development of an authentic identity, specific to the civilization to which it belongs, in this case that of Brazil. Consequently, national values or standards, which should serve to underpin all of the country's sectors, are despised. What follows is glorification of the myths and contempt for the common man, down playing what could be seen as authentic national creation, elevating all that is alien or an imitation of the external.

I must say that the Brazilian nationality is not expressed in the overt material scarcity of this universe, studied in this inventory of inventions. This dismal facet is certainly not an object of national pride nor is it something that should be preserved as exotic or folkloric. This reality must, however, be considered. Objects are concrete, flagrant proof of our material culture, demonstrating that amidst urban chaos, there germinates Brazilian vernacular design, surpassing disciplines, clashing with conventions and confusing academic doctrines.

These considerations led me to believe that the inventions reported on in this work are relevant to the apprehension of material culture itself, and even to the identity of our civilization. In the words of Lina Bo Bardi, in her **Times of Roughness: Design at the Impasse**: "Alert observation of small specks, threads, chips and remains is what makes the reproduction of the millenniums, the history of Civilizations possible. (…) Civilization is a practical aspect of culture, it is man's life in every instant".

Obviously destitution and exclusion are not, per se, states amiable to the development of creativity. Even if

brasileiro, ultrapassando as disciplinas, destoando das convenções e confundindo os padrões acadêmicos.

Estas considerações me levam a crer que os inventos registrados neste ensaio são relevantes para a apreensão da própria cultura material, e até da identidade de nossa civilização. No dizer de Lina Bo Bardi, em seu Tempos de grossura: o design no impasse: "É a observação atenta de pequenos cacos, fiapos, pequenas lascas e pequenos restos que torna possível reproduzir, nos milênios, a história das Civilizações. (...) Civilização é o aspecto prático da cultura, é a vida do homem em todos os instantes".

É claro que privação e exclusão não são, em si, estados favoráveis ao desenvolvimento da criatividade. Ainda que a necessidade possa gerar a procura de uma forma de desenhar a solução para um problema concreto e imediato.

Quem inventa é quem transforma, quem mora, quem trabalha, quem passa, quem observa. Os catadores, os vendedores, os artesãos, eu ou você. Há um vão na sociedade. Nesse espaço de exclusão se desenvolve, persistente, a produção informal, marginal, subvertendo o uso de objetos industriais e inventando moda para sobreviver no mundo "capetalista"[4].

need does generate the search for a way of designing a solution for a palpable and immediate problem.

The inventor is the dweller, the worker, the passerby, the observer. The pickers, the venders, the artisans, me or you. There is a gap in society. In this exclusion slot, informal, marginal production develops, persists subverting the use of industrial objects and inventing trends to survive in this "capidevilist" [3] world.

---

4 | "Capetalista" é um termo criado pelo Profeta Gentileza.

3 | "Capidevilist" is a term coined by Profeta Gentileza (Prophet Politeness)

Profeta Gentileza. Centro da cidade do Rio de Janeiro, 1968. Fotos • Pedro de Moraes
Prophet Politeness. Rio de Janeiro city centre, 1968. Images • Pedro de Moraes

"território: à margem
condições: adversas
a invenção é uma necessidade
imediata.
'todo objeto é sobressalente'.
a aparência pode enganar
quanto à função.
armação de objetos lúdicos
e inutensílios.
desvio: obra.
reis do gatilho
improviso
jazz-repente.
é música
basta olhar."

"territory: in the margins
conditions: adverse
invention is an immediate
necessity.
'every object is spare'.
looks may deceive
as to function.
assemblage of playful objects
and untools.
detour: work.
kings of the trigger
improvisation
extemporal-jazz.
it's music
just look." • **CABELO**

Inventos Ambulantes · Roaming Inventions

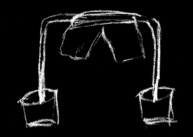

Instrumentos de Trabalho . Work Tools

A simples readaptação de elementos feita por quem tira da rua o sustento pode caracterizar um instrumento de trabalho.
A atividade humana produz elementos artificiais, artefatos.
A arte invade o feito, sem pretensão nem status.
Os fatos materiais que se espalham na rua, com sua simplicidade, são dignos de atenção especial.
Percebe-se uma espécie de subversão no uso de determinados objetos.
São notáveis os arranjos, arrumações, ajuntamentos ou engenhos.
Transbordam aspectos múltiplos, funcionais e simbólicos.

•

The simple re-adaptation of elements, performed by one who takes from the streets his support, may characterize a work instrument.
Human activity produces artificial elements, artifacts.
Art invades the feat, with no pretension or status.
Material facts that spread themselves on the streets, with their simplicity, are worthy of special attention.
A kind of subversion is noticeable in the use of certain objects.
The arrangements, settings, gatherings or devices are remarkable.
Multiple, functional and symbolic aspects overflow.

Isopor com saquinhos de balas. • Styrofoam with little bags of candy.

"Um gancho desses de açougue, a corrente e os arames que prende no saquinho de bala."

"One of these butcher hooks, a chain and the wires that hold the little bags of candy." • **ODAIR**

Gancho com balas no ônibus.
Hook with candy on the bus.

Carrossel de balas em uma banquinha.
Candy carousel inside a stand.

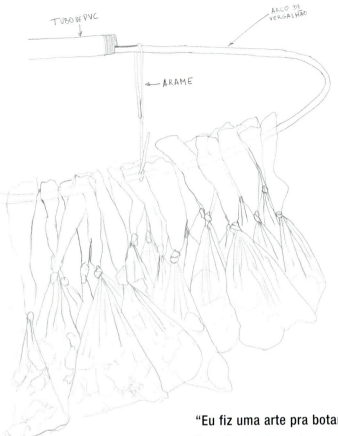

"Eu fiz uma arte pra botar meu bom-bom, minhas balas. Fica bonito."
"I made an art to put my candy, my sweets. It looks pretty." • **ANTÔNIO CARLOS DA SILVA**

Arco de vergalhão com balas penduradas.
Arched iron rod with hanging candy bags.

Trio Eletricafezinho usado em Salvador para vender café, chocolate, cigarros, balas, cartão de telefone e outros trecos.
Coffee Bandwagon used in Salvador to sell coffee, chocolate, cigarettes, candy, telephone cards and other trinkets.

Seu Café.

Mr. Coffee.

Carroça ou burrinho sem rabo.

Cart or tailless donkey.

Carrinho de bebê e caixa de papelão para vender papéis de presente.
Baby carriage and cardboard box to sell wrapping paper.

Carrinho com sinos.
Trolley with bells.

Banquinha de camelô. À venda: cofrinhos em forma de bujão de gás.
Street vendor stand. For sale: piggy banks in the shape of gas casks.

Entregador de flores.
Flower deliverer.

Detalhe do sistema de abertura com cadarço elástico.
Detail of the opening device with elastic band.

Detalhe da tampa com as mercadorias.
Detail of the lid with the merchandise.

Carrinho com isopor. • Cart with styrofoam.

"Fita adesiva para proteção do isopor, fita acima para não deixar cair as latas, cadarço para não deixar cair a tampa, papelão abaixo do isopor para proteção."
"Adhesive tape to protect the styrofoam, tape on top to stop the cans from falling, band to hold the lid, cardboard under the styrofoam for protection." • **ALCIDES**

Ajuntamento de latas e garrafas de bebidas com fins publicitários, usado por ambulantes.
Congregation of cans and bottles with publicity purposes, used by street vendors.

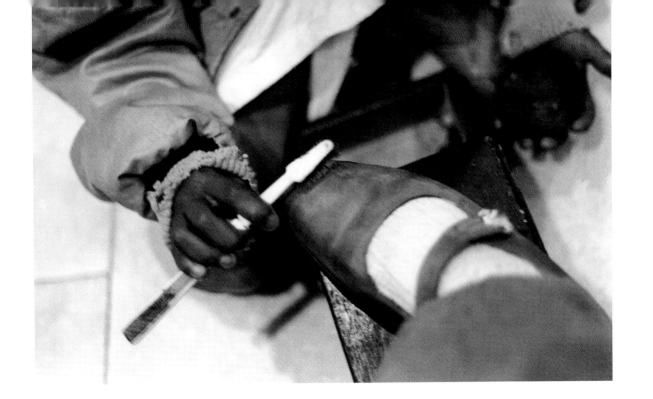

"A escova de dente gasta muita graxa. A de madeira é melhor."
"The toothbrush wastes too much wax. The wooden one is better." • **WALACE**

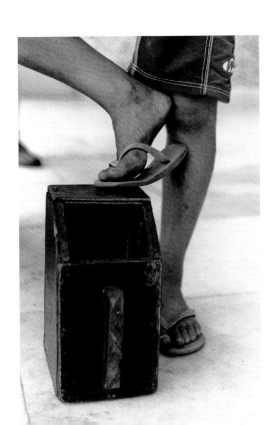

Caixas de engraxates.

Shoeshine boxes.

"Eu não sou um pintor de rua. Eu sou um pintor na rua."
"I'm not a street painter. I am a painter on the street." • **NAZARÉ**

"Já pintei pára-choque de caminhão, passei dez anos em São Paulo pintando letreiro de ônibus, mas não ficava feliz. Ganhava mais, mas não ficava feliz. Vou fazer 65 anos no dia 11 de setembro. Faz 15 anos que eu pinto esse estilo. Comecei a pintar nas ruas em 72. Sou autodidata. É da minha imaginação, não imito ninguém. Estilo pessoal não tem concorrência. Fazer o que eu gosto é o melhor prêmio. É muito abrangente, a pintura. Não pode ser o homem de sete instrumentos. Gosto de ser artista, sem arrogância. De Nova Iguaçu a Nova York, não diferem as pessoas."

•

"I've painted truck bumpers, spent ten years in São Paulo painting bus lettering, but I wasn't happy. I made more money, but wasn't happy. I'll be 65 on September 11th. I've painted this style for 15 years. I started to paint on the streets in 72. I'm self-taught. It's from my imagination, I don't copy anyone. Personal style has no competition. The best prize is doing what I like. It's very wide-ranging, painting is. You can't be the jack-of-all-trades. I like being an artist, without arrogance. From Nova Iguaçu to New York, people do not differ." • **NAZARÉ**

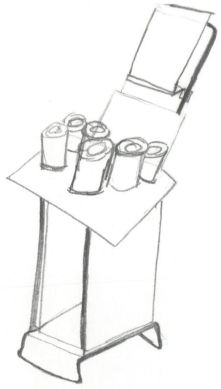

Cavalete feito pelo pintor Nazaré.
Easel made by the painter Nazaré.

"Essa lata aqui, ela é uma lata de mantimento das que põe arroz.
Eu recortei ela aqui pra poder colocar o fogareiro."
"This can here, it's one of those storage cans to put rice in.
I cut it out here so that I could put the burner in." • **JORGE LUIZ**

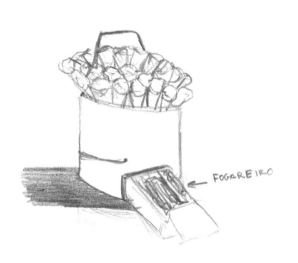

Perto da base: o fogareiro de lata, do lado oposto do forno.
Close to the base: the can burner, on the opposite side of the oven.

"Esse aqui é o forno. Aqui, o fio de metal é pra manter a base do forno.
Já ponho ele fino assim, pra não ficar muito aparente."
"This here is the oven. Here, the metal wire is to keep the base of the oven level.
I put this fine wire like this, so that it doesn't show too much." • **JORGE LUIZ**

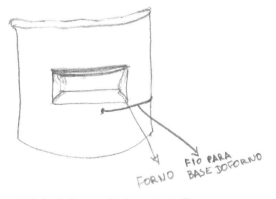

Posição do forno e fio de sustentação.
Oven position and supporting wire.

Lata de amendoim	**Peanut can**
uma lata de mantimento	one storage can
uma lata de azeite	one olive oil can
recortada e perfurada	cut out and punctured
papel ofício	sheet of paper
amendoim	peanut
fio de cobre	copper wire
filtro de automóvel	car filter
e alça de ferro 3/4	and 3/4 iron rod handle

"O resto é a arte do falar. Você tem que vender a sua imagem primeiro, pra depois vender o produto."
"The rest is the art of speaking. You have to first sell your image, and only then sell the product."

"A primeira coisa que você tem que fazer é dar um brilho na lata e depois você recorta ela todinha, na forma ideal que você preferir. Alguns preferem o forno no mesmo lado do fogareiro, que normalmente fica embaixo, nessa base. Eu já mudei. Eu não gosto do fogareiro do mesmo lado do forno, prefiro o forno pra lá porque não gosto muito desse calor na minha cara, mas muita gente usa.

Botei alguns pacotes de amendoim embaixo pra poder aquecer. Não é bom colocar muitos, não, que senão queima. O fundo dela é solto, essa lata aqui ela é vazia. Nós é que colocamos ela. Tem que recortar no tamanho certo e colocar aí dentro. Ou lata de sardinha ou de azeite, também. Tudo depende do tamanho do forno. Primeiro arruma a lata, né? Que se não arrumar a lata do tamanho, a gente faz um tamanho maior, o forno, suspende o forno e a boca do fogareiro tem que ser maior. Por exemplo, se você

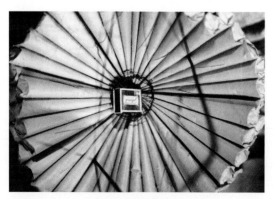

Vista superior. • Pacotes de amendoim na lata.
Overhead view. • Packets of peanut in the can.

"The first thing you've got to do is polish the can and then you cut it all out, in the ideal way that you prefer. Some prefer the oven on the same side as the burner that normally is underneath, on this base. Me, I've changed it. I don't like the burner on the same side as the oven, I prefer the oven facing that way because I don't really like all this heat in my face, but lots of people have it that way.

I put some packets of peanuts underneath to keep warm. It's not a good idea to put many, 'cause they'll burn. The bottom of it is loose, this can here, it's empty. We put it there. You have to cut out the right size and put it inside. Sardine can or olive oil, too. It all depends on the size of the oven. First get the can, okay? 'Cause if you don't get the right size can, we can make it smaller, the oven, lift the oven and the mouth of the burner has to be bigger. For example, if you're going to put here one of those regular round oil cans. Ya' gotta put on another couple of centimeters here, then you gotta lift the oven another two centimeters too. If it's one of those regular cans there, the round type. This is the supporting base. Now this here on the inside, this here is a car filter, from a Chevette, Gol. This here is made of metal that doesn't rust, that's why I've chosen this one. And this here is copper and iron. There's really no secret, no mystery, get it? We get a lot of these filters in garages. The oven here, empty, has got the aluminum foil that goes in still. It's so that too much heat doesn't go on to this package, 'cause it goes black. The next step is to set up the can

for colocar aqui uma lata de óleo dessas comuns redonda. Cê tem que aumentar aqui mais uns dois centímetros, aí tem que suspender o forno também mais dois centímetros. Se for essa lata comum aí, da redonda. Isso é a base de apoio. Já isso aqui por dentro, isso aqui é um filtro de carro, de Chevette, de Gol. Isso aqui é composto de metal que não enferruja, por isso que eu já escolhi esse ali. E isso aqui é cobre e ferro. Não tem muito segredo, não, entendeu? Esse filtro a gente arranja muito em oficina mecânica. O forno aqui, vazio, tá sem o papel laminado, que entra, ainda. É pra não deixar o calor passar muito para esse pacote, que ele fica empreteado. O próximo passo é armar a lata direito, de forma que não caia toda hora igual caía antigamente. Agora vai como esquentar ele: é só colocar

right, so that it doesn't fall all the time like it used to. Now it's how to heat it up: you just put this little can here, in here. And go for it. The rest is the art of speaking. You have to first sell your image, and only then sell the product, understand? Actually, I can't say that I've got a clientele, because those who work on the streets don't have sure customers. We conquer a customer a day. It's like slaying a dragon a day, here, understand? It's possible to survive, I won't lie to you. But you have to know how to be patient. Above all, patience.

I didn't know how to make this can. I saw someone making it. Actually, I didn't see it being made. I saw it ready and learned. I looked at his and said: I'm gonna make one like it. There it is. My teacher was Crezinho, my cousin Crezinho. He taught me the basics, ya' know? Then said: now you fall into it. In the beginning I had to

Encaixe dos pacotes.
The fitting of the packets.

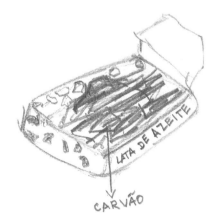

Fogareiro • lata de azeite com carvão.
Burner • olive oil can with coal.

essa latinha aqui, aqui dentro. E ir à luta. O resto é a arte do falar. Você tem que vender a sua imagem primeiro, pra depois vender o produto, compreende? Na verdade eu não posso dizer que eu tenho uma clientela, porque quem trabalha na rua não tem cliente certo. A gente conquista um cliente por dia. É tipo você matar um elefante por dia, aqui, entendeu? Dá pra sobreviver, não vou enganar, não. Mas tem que saber ter paciência. Acima de tudo, paciência.

Eu não sabia fazer essa lata, não. Eu vi uma pessoa fazer. Aliás, não vi fazer. Vi pronta e aprendi. Olhei a dele e falei: vou fazer igual. Taí ó. O meu professor foi o Crezinho, meu primo Crezinho. Ele me ensinou o básico, né? Aí falou: agora você cai dentro. No começo eu tinha que tomar umas cervejas pra poder perder a vergonha, mas depois eu deixei a cerveja de lado. É porque, você sabe, né? Sempre pinta aquela inibição.

Com certeza a criatividade é um fator que pode fazer a vida melhor. Se você não tiver criatividade na vida, você não aprende nada. Que primeiro você tem que ter criatividade. Aí, a pessoa vai, te ensina alguma coisa e você passa a expor sua forma de pensar. Você cria, você mesmo cria. Eu aprendi com alguém, tentei melhorar, acho que tá melhorando, né? E o resto Deus faz por nós. Eu acho que se você tiver um pouquinho assim de criatividade, deixa o resto com o Rei, que Deus faz. Tem que ter força de vontade. Ter criatividade sem ter força também não adianta, não. Isso com certeza."

have a few beers so that I wouldn't be embarrassed, but then I put the beer aside. It's because, you know, don't you? You always get a little self-conscious.

Certainly creativity is a factor that can make life better. If you haven't got creativity in life, you don't learn anything. 'Cause first of all you've got to have creativity.

Then the person goes and teaches you something and you can then exhibit your way of thinking. You create, you create by yourself. I learned with someone, tried to improve, I think it's improving, isn't it? And the rest, God does for us. I think that if you have just a tiny bit of creativity, leave the rest to the King, 'cause God does it. You have to have will power. Having creativity without having power is no use. That's for sure." • **JORGE LUIZ**

Jorge Luiz • Jorge Luiz

Próxima página • Lata de amendoim feita pelo Souza.
Next page • peanut can made by Souza.

O vendedor ambulante José Leitão vendendo óculos de sol. • The street vendor José Leitão selling sunglasses.

Luiz Paulino experimenta os óculos de sol.
Luiz Paulino tries on a pair of sunglasses.

O fotógrafo em ação. • The photographer in action.

Vassoureiro, Jucilene vendendo bebidas, carrinho com abacaxis, vendedora de balas e bebidas em um carrinho de supermercado, vendedor de bebidas com bandeja, triciclo chaveiro, bolas à venda.
Broom vendor, Jucilene selling drinks, cart with pineapples, candy and drinks vendor in a supermarket cart, drinks vendor with tray, locksmith tricycle, balls for sale.

Vendedor de algodão-doce, vendedor de balas, mercadorias em carrinho de viagem, vendedor de puxa-saco e aventais.
Candy vendor, cotton candy vendor, merchandise in a travel trolley, apron and cozy vendor.

Vendedor de elástico, banquinha de variedades, triciclo sangue bom, lavador de vidro de automóvel.
The elastic vendor, variety stand, good blood tricycle, windshield cleaner.

Triciclo de som, o sanfoneiro e sua amada, banquinha de vendedor de amendoim, vendedor de cestos.

Sound tricycle, the accordionist and his sweetheart, peanut vendor stand, basket salesman.

Mobiliário Sólido Residual · Solid Residual Furniture

O mobiliário urbano é, cada vez mais, constituído por projetos pobres que ultrapassam os tradicionais bancos de praças, abrigos de ônibus e outros projetos desenvolvidos por grandes empresas.
Existe, na contramão, o mobiliário sólido residual, que compreende peças compostas por restos, resíduos de um sistema industrial, em que os produtos são acessíveis a alguns nas lojas e, a outros, no lixo.
A natureza desses artefatos reflete a ordem social.

•

Urban furniture is increasingly made up of many poor projects which surpass the traditional park benches, bus stop shelters and other projects developed by large companies.
There is, against the tide, the solid residual furniture which encompasses pieces composed of remains, residue of an industrial system, where products are accessible to some in shops and to others in the trash.
The nature of these artifacts reflects the social order.

Poltrona: almofadas e caixote de madeira. • Armchair: cushions and wooden crate.

Carrinho de feira na função de armário móvel. • Market trolley functioning as mobile wardrobe.

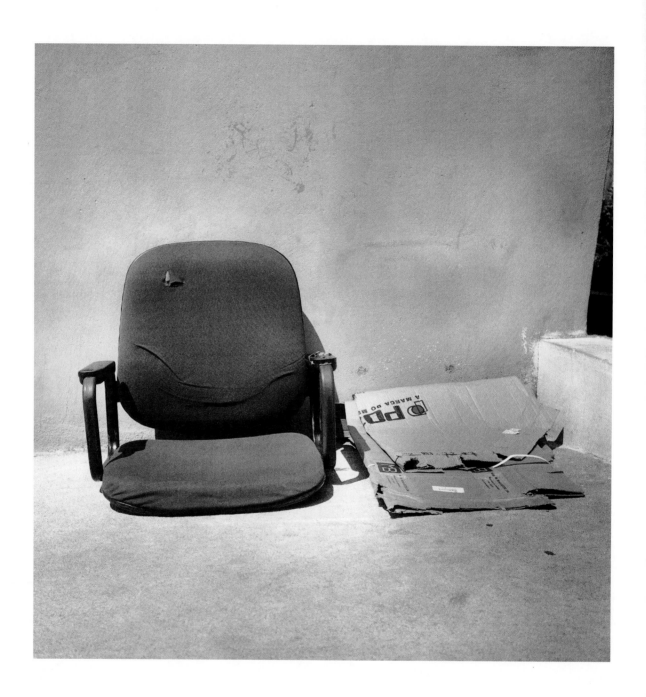

Assento de cadeira e papelão. • Chair seat and cardboard.

Armário-banco-cama-casa: caixote de feira e papelão. • Wardrobe-bench-bed-house: cloth, newspaper and wooden crate.

Assentos, madeirite e papelão na areia. • Seats, compressed wood and cardboard on the sand.

Banco: paninho, jornal e caixote de madeira. • Bench: cloth, newspaper and wooden crate.

Varal. • Clothesline.

Banco. • Bench.

Mesa: caixote de feira. • Table: market crate.

Trono: madeira, tela de arame e pregos. • Lathe: wood, wire screen and nails.

Utensílios . Utensils

Com quantas chapinhas se faz um tapete?
Com quantos palitos de sorvete se faz uma fruteira?
Com quantos trapos se faz uma tipóia?
Qual o melhor corte para lata de tinta virar pá de lixo?
E o melhor varal, seria uma grade, um balanço, um caixote ou um banco de praça?
Garrafas plásticas de 2 litros de refrigerante, garrafas de coca-cola, lixo símbolo da sociedade de consumo, se prestam melhor a cortina, taça ou castiçal?
Qualquer sucata pode servir...

•

How many tops make up a rug?
How many icicle sticks make up a fruit bowl?
How many rags make up a sling?
What's the best cut to make the paint can into a dustpan?
And the best clothesline, would it be a fence, a swing, a crate or a park bench?
2 liter plastic soda bottles, coca-cola bottles, garbage symbolic of the consumer society, make better curtains, cups or candlesticks?
Any scrap will do…

Capacho: chapinhas, pregos e tábua. • Doormat: tops, nails and board.

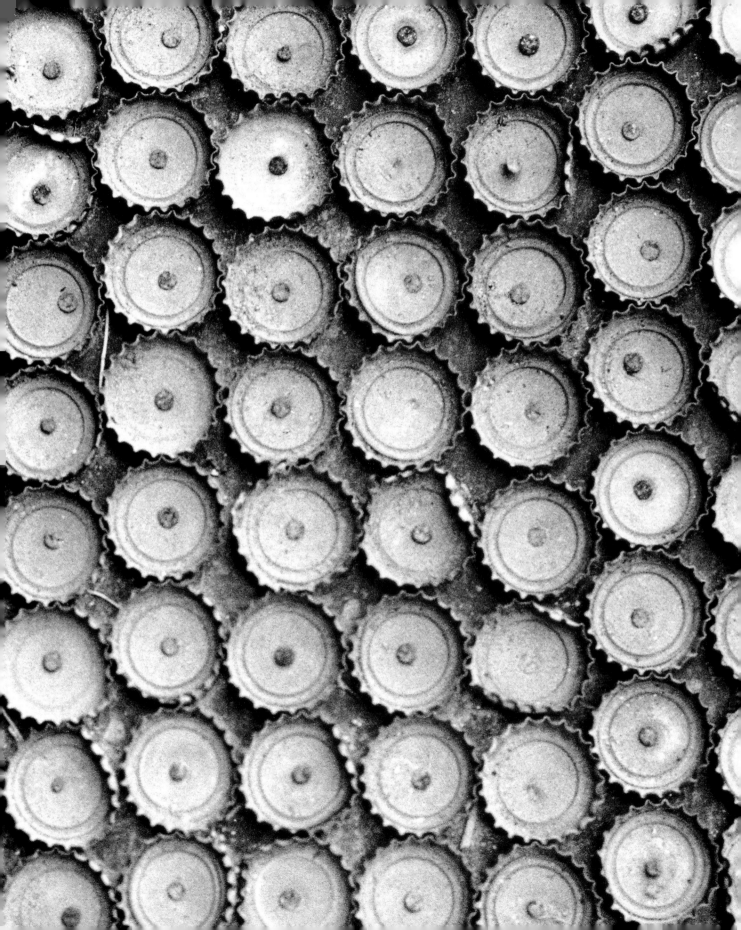

"É só uma camisinha de isopor cortada na frente e botar o canudo. Vira e mexe tem gente que chama mais de conservador de cerveja. Mas todo mundo já chega e pede:
– Uma camisinha de botar cerveja. Até eu levo susto."

"It's just a syrofoam jacket cut in the front and put the straw. Time and again some people call it more a beer keeper. But everyone comes and asks for:
- A jacket to put the beer in. It even surprises me." • **ÂNGELA**

Porta-canudos de isopor. • Styrofoam straw keeper.

"Com lata e garrafa faz muita coisa, tem serviço. Faz caneca, aquela peçazinha, aquelas florzinhas. Depende de saber trabalhar, fazer as coisas. Esse aí, se tirar a tampa vira um funil e com a tampa, faz o copo."

"Cans and bottles make loads of stuff, it's useful. You make cup, that little piece, those little flowers. It depends on knowing how to work it, make the stuff. That one there, taking off the cap becomes a funnel and with the cap, makes a cup." • **DONA PEQUENA**

Taça ou funil de PET. • PET cup or funnel.

"O latão: acho que é de 50 litros, grandão. Cortado em dois, botar a alça e os pés de arco de vergalhão de 3/4 soldado."
"The gallon: I think it's those 50 liter ones, real big. Cut in two, put on the handle and the feet from 3/4 welded iron rod." • **ÂNGELA**

Alça soldada. • Welded handle.

Lata de lixo: latão de 50 litros e arco de vergalhão. • Garbage can: 50-liter gallon and arched iron rod.

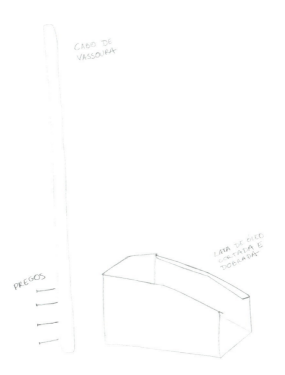

Pá de lixo • lata, cabo de vassoura e pregos.

Dustpan • can, broomstick and nails.

Castiçais de diferentes materiais usados na Procissão de Nossa Senhora
de Copacabana. Garrafas de todos os tamanhos, copos de plástico,
pedaços de papelão e folhas são usados como porta-velas.
Candlesticks made of different materials used in the Our Lady Procession in Copacabana.
Bottles of all sizes, plastic cups, pieces of cardboard and leaves are used as candleholders.

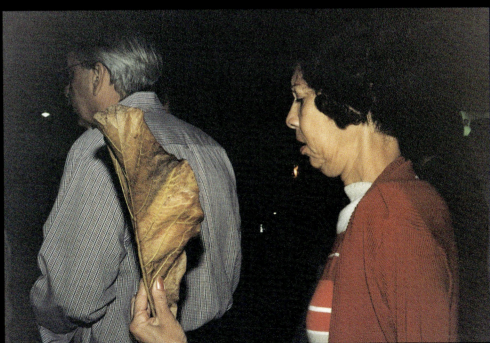

Next page • PET bottle curtain.

Objetos Lúdicos . Playful Objects

Manifestações de afeto
Materialização de sonho
Estruturas de qualquer tamanho
Fertilizadas pela imaginação de quem cria.
Tudo pode se transformar
Virar brincadeira, diversão, jogo.

•

Affection manifestations
Dream materialization
Structures of any size
Fertilized by the imagination of the creator.
Everything can be transformed
Become amusement, fun, game.

Avião de lata. • Tin airplane.

"Eu acordei com um avião na mão e não tinha avião nenhum na mão."
"I woke up with an airplane in my hand but there wasn't any airplane in my hand."

"A idéia foi um sonho. Eu sonhando, uma criança me mostrou o avião de lata. Ele me mostrava o avião e falava:

– Tio, faz esse avião.

Aí eu falei:

– Poxa, eu fazer um avião de lata.

Em seguinte, eu acordei com um avião na mão e não tinha avião nenhum na mão.

Aí eu fiquei pensando, porque o avião não saía mais da minha cabeça. Aonde eu via lata, pensava no avião e lembrava do garotinho falando:

– Tio, faça esse avião de lata.

Aí eu peguei uma lata, olhei pra lata e fiquei imaginando como fazer o avião. Eu peguei uma tesoura, abri a lata e pensei num formato. O primeiro formato que eu pensei, eu via a asa. Pensei no formato da asa. Quando eu abri a lata e vi o fundo da lata, pensei logo na frente do avião, como ele me mostrou no sonho. Peguei outra lata, porque vi que uma lata não dava pra fazer o avião todo. Aí peguei outra lata, juntei uma com a outra. Vi que dava mais ou menos a asa, começando formar o avião. Aí eu tive que pegar um monte de lata. Peguei 20 latas, botei perto de mim e cortei as 20 latas. Aí, primeiramente,

"The idea was a dream. Me dreaming, a child showed me a tin airplane. He'd show it to me and say:

- Mister, make this airplane.

Then I said:

- Gosh, me make a tin airplane.

Followed that, I woke up with an airplane in my hand but there wasn't any airplane in my hand. Then I kept thinking, 'cause I couldn't get the airplane out of my head. Wherever I saw cans, I'd think of the airplane and remembered the little boy saying:

- Mister, make this tin airplane.

Then I got a can, looked at the can and kept imagining how to make the airplane. I got the scissor, opened the can and thought of a shape. The first shape I thought of, I saw the wing. I thought of the shape of the wing. When I opened the can and saw the bottom of the can, I soon thought of the front of the airplane, like he showed me in the dream. I got another can, 'cause I saw that one can wasn't enough to make the whole airplane. Then I got another can, put one together with the other. Saw that it kind of made the wing, starting to form the airplane. Then I had to get a whole load of cans. I picked 20 cans, put them next to me and cut the 20 cans. Then, first of all, I saw that three cans would form the wing, but I still needed the filling so that the can would not be flexible.

So I got a piece of cardboard and thought – 'cause I'm a craftsman outside this work. I cut it in the shape of a wing, that wasn't perfect, 'cause this was 15 years back. I saw that cardboard and 3 cans made the shape of 1 wing. Then I made the second wing too, 'cause it's 2 wings. Just in that, I used up 6 cans. Then I put the 2 wings, got the bottom of the can and was like this,

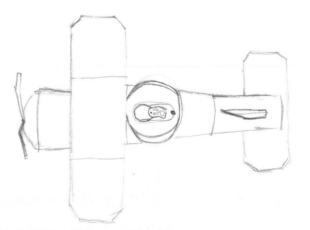

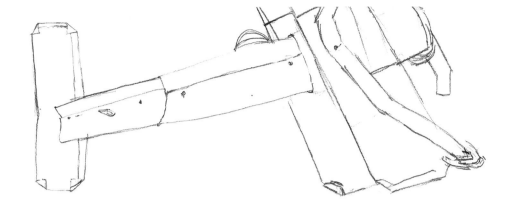

vi que três latas formavam uma asa, só que faltava o enchimento pra lata não ficar flexível. Então eu peguei um pedaço de papelão e pensei – porque eu sou um artesão fora desse trabalho. Cortei no formato de uma asa, que não era perfeito, porque tem 15 anos isso. Vi que com papelão e 3 latas fazia o formato de 1 asa. Aí eu fiz a segunda asa também, porque são 2 asas. Só aí, me foi 6 latas. Aí eu botei as 2 asas, peguei o fundo da lata e fiquei assim, parado, imaginando que ainda faltava o corpo do avião.

Eu levei um mês, porque tinha hora que eu jogava tudo pro lado e levava dois dias pensando. E o menino não saía da minha cabeça.

Pro corpo, eu peguei 1 lata e fui botando como ele me mostrou no sonho. Peguei outro avião de brinquedo. Mas vi que tinha que ter enchimento. Cortei uma madeira pra encher. Encaixei o fundo da lata na madeira e fiz a frente.

Deu certinho, eu botei a segunda e a terceira e fez o rabo, aí eu formei o corpo do avião. A rodinha não era a tampinha, era um pneuzinho. Depois, eu tive a idéia de tampinha, que ficava mais original com a lata. Quando eu vi que dava pra fazer o avião, que peguei outro avião de brinquedo industrial, aí pronto. Comecei a copiar do outro o restante do avião: 2 hélices, o paravento e tive a idéia de a tampa de cima da latinha formar o banquinho do avião.

Tudo reciclagem, tudo encaixado e pregado. Só uso um pouquinho de cola Superbond para firmar."

stopping, imagining that I still had the body of the airplane to do.

It took me a month, 'cause at times I'd toss everything over and take two days thinking. And I couldn't get the boy out of my head.

For the body, I got 1 can kept putting it like he showed me in the dream. I got another toy airplane. But saw that there had to be a filling. I cut a piece of wood to fill it. I stuck the bottom of the can on the wood and made the front.

It worked just right, I put the second and third and made the tail, then I shaped the body of the airplane. The little wheel wasn't the little cap, it was a little tire. Later I had the idea of using the little cap, that was more original with the can. When I saw that I could make the airplane, that I got another industrial toy airplane, there it was. I started to copy off the other one the rest of the airplane: 2 propellers, the windshield and came up with the idea of the lid of the can forming the little airplane seat.

All recycling, all fitting and sticking. I just use a bit of Superglue to fasten it." • **NECO**

Avião de lata	Tin airplane
12 latinhas	12 cans
10 pregos	10 nails
2 chapinhas de garrafa	2 bottle sheets
papelão	cardboard
madeira	wood
cortiça	cork

"Tem que ter habilidade."
"You've got to have ability." • **CARLOS HENRIQUE**

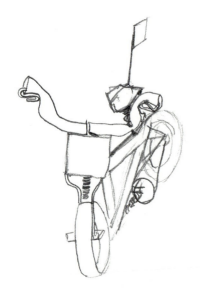

Bicicleta em miniatura. • Miniature bicycle.

Bicicleta	**Bicycle**
arame	Wire
macarrão de plástico	Plastic spaghetti
adesivo	Stickers
latinha de refrigerante	Soda pop cans
pedaço de guidão de bicicleta	Part of a handle bar
alicate	Pliers
tesoura	Scissors

"E depois pode botar uma lâmpada dentro dele que fica bonito, também."
"And then you can put a light bulb inside it 'cause it looks pretty too." • **EVAIR**

Fases de construção do barco em miniatura. • Construction stages of the miniature boat.

Barco em miniatura fechado. • Closed miniature boat.

Barco
Cortina japonesa, papelão ou papel casulo, pano jeans, celofane, estilete, tesoura, papel, cartão, cola branca, linha, papel veludo, verniz, pincel, caneta, lápis, metro ou régua.

Boat
Japanese curtain,
cardboard,
piece of denim, cellophane,
knife, scissors, paper,
card, white glue, thread,
velvet paper, varnish,
brush, pen, pencil,
measuring stick or ruler.

Mitsbichi
1 carrinho de supermercado
1 aparelho de som
1 placa de isopor
fios encapados
arame
pano
ferramentas

Mitsbichi
1 supermarket cart
1 sound system
1 styrofoam board
coated wires
wire
cloth
tools

"Achei o som no lixo. Eu peguei quebrado e estou arrumando. Prendi com arame, ajeitei meu MITSBICHI. Logo mais, vou botar pra funcionar."

"I found the sound in the garbage. It was broken and I'm fixing it. I fastened it with wire, I geared up my MITSBICHI. In a while, I'm gonna get it working." • **ZÉ**

Zé Carlos com seu Mitsbichi.
Zé Carlos with his Mitsbichi.

"Eu sempre inventei troços. Isto é um triciclo inventado há um ano e três meses."
"I've always invented stuff. This is a tricycle invented a year and three months ago." • **SEU PELÉ**

Seu Pelé com seu triciclo equipado. • Seu Pelé with his equipped tricycle.

Triciclo Amarelinho	**Yellow tricycle**
98 rolos de fita amarela	98 rolls of yellow tape

O aparelho de som.
The sound system.

Painel de fotos. • Picture panel.

'Gastei 98 rolos de fita para encapar o triciclo, as barras,
o guidão, o banco e o pára-lama. Assim como está, tá bom.
Mas no carnaval, vou botar um TV a cores que a Globo me deu.
Já falaram pra eu botar motor de mobilete, mas atrapalha o som.
Os 2 despertadores, para não perder a hora.
Tem gente que aluga pra propaganda.
No Natal, eu coloquei as luzes atrás do banco."

•

A TV. • The TV.

"I spent 98 rolls of tape to seal my tricycle, the bars, handle bars,
the seat and the bumper. It's good the way it is.
But during Carnival, I'm gonna put a color TV that Globo gave me.
People have told me to put a scooter motor on it,
but it interferes with the sound.
The 2 alarm clocks, not to lose track of time.
Some people hire it for propaganda.
At Christmas, I put the lights behind the seat." • **SEU PELÉ**

Barraquinha. • Little cover.

Degrau da Barraquinha.
Stand step.

"Isso é um degrauzinho, uma taubinha que tinha aqui no chão. Uma taubinha, ela botou uma caixinha, botou outra tauba aqui e fez como um degrauzinho mermo aqui, ói. Óia aqui. É mais pra subir mais fácil. Era pra subir mais fácil.

Foi eu que fiz? Não foi eu. Foi ela, a minha velha. Ela, a minha velha. Foi ela. Que tava chovendo e ela disse: óia Tonho, ela vai dar cria. Aí eu disse:

– Óia, nós num tem o que fazê.

Ela disse:

– Pera aí, que eu vô fazê.

Aí inventou esse negócio aqui, arrumou e fez. Cobriu com uma lona, com um plástico daquele ali e deixou aqui no canto da parede, deixou ali e ela teve os menininho ali tudinho.

Ô minha fia, no meu ver, é uma barraquinha, né? Como se fosse uma barraca."

"This here's a li'l step, a li'l board was hangin' here round the ground. A li'l board, she put a li'l box, put another li'l board here and done like a li'l step right here, ya'se. Look'a here. It's more for gettin' up more easy. It was for gettin' up more easy.

Did I make it? I didn't make it. It was her, my old lady. Her, my old lady. It was her. 'Cause it was raining and she goes: hey Tonho, she's gonna have'em. Then I goes:

- Hey, we ain't got nuthin' to do.

She said:

- Hold on, 'cause I'm a gonna do sumthin'.

Then she invented this thing here, set up and done it. Covered it up with a canvas, with plastic on that side and left it here on the corner of the wall, left it there and she done had the whole litter there.

Look luv, in my way'o thinkin', this here's a li'l cover, ain't it?" • **ANTÔNIO RIBEIRO**

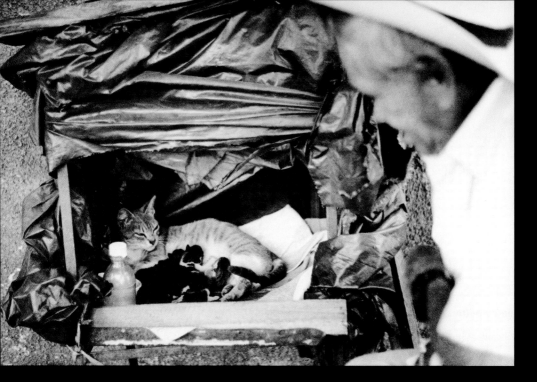

Ninhada de gatos na barraquinha. • Litter of kittens in the little cover.

Antônio Ribeiro cuidando dos gatos. • Antônio Ribeiro tending to the cats.

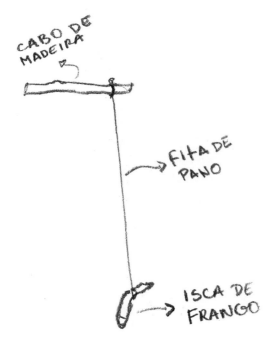

Acelerador de cães. • Dog accelerator.

Inventos Tipográficos . Typographic Inventions

Há os inventos tipográficos, como forma rudimentar de comunicação.
É a publicidade pobre, feita com pedaços de coisa nenhuma.
São, em geral, letreiros presos a objetos ali mesmo produzidos ou consumidos.
As mensagens humildes do ganha-pão diário, tantas vezes belas e profundas, como se vê no convite generoso de Carlos:
"O artista morre, mas a arte não pode morrer. Curso grátis de empalhador, aqui."

•

There are the typographic inventions, as a rudimentary means of communication.
It is the poor publicity, made from pieces of nothing at all.
These are, in general, letterings stuck on products produced or consumed then and there.
The humble messages of the daily grind, often beautiful and deep, as can be seen in Carlos' generous invitation:
"The artist dies, but the art cannot die. Free upholstery course, here."

Placa de um escultor da areia. • Sign by a sand sculptor.

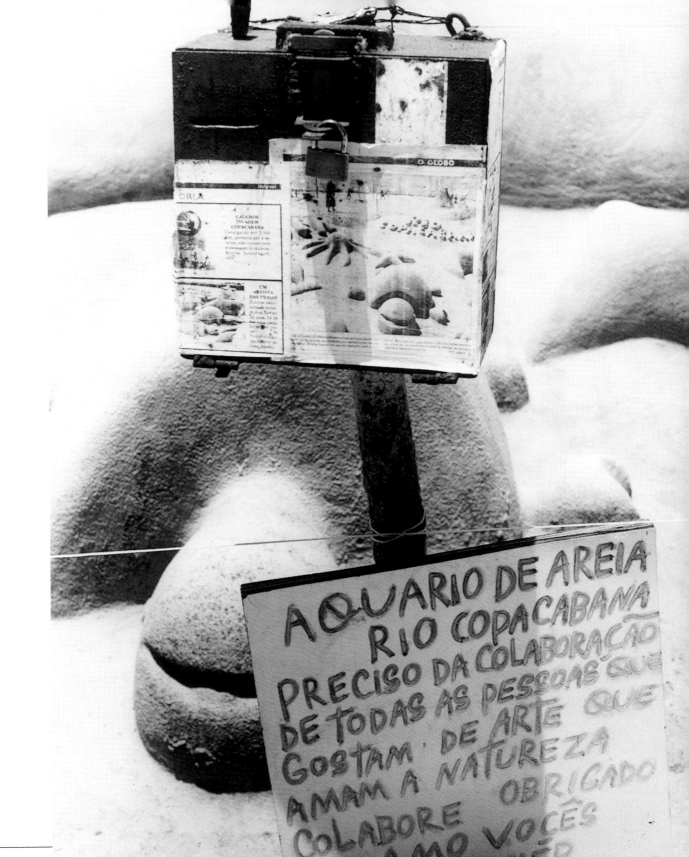

Anúncio de borracheiro: pneu, cubo de espelho e outros trecos. • Tire repairman advert: tire, mirror cube and other stuff.

Anúncio de borracheiro: 3 pneus. • Tire repairman advert: 3 tires.

Arranjo de pranchas e skate, com pedido de doação. • Assembly of surf and skateboards, with a donation plea.

Anúncio de venda de essência de eucalipto. • Advert for sale of Eucalyptus extract.

Propaganda em quadro-negro. • Advert on blackboard.

Homem-sanduíche anunciando cartões telefônicos. • Sandwich-man advertising telephone cards.

Anúncio em placa de acrílico. • Advert on acrylic plaque.

Colares por um real. • Necklaces for one *real*.

Placa de um escultor e detalhe da obra Santa Ceia de Areia. • Sculptor's plaque and detail of the work Last Supper in Sand.

Anúncio um empalhador de móveis. • Advert for an upholsterer.

Anúncio de dindin (sacolé ou chupe-chupe) em placa de papelão.
Advert for bag-cicles (ice pops or icicles) on cardboard sign.

"O maior produto do Brasil ainda é o brasileiro."
"The greatest Brazilian product is still the Brazilian." • **LUÍS DA CÂMARA CASCUDO**

Inventores Perambulantes · Wandering Inventors

"O homem que dorme sob o banco da praça
Inventou o cobertor,
O verdadeiro.
Feito de papelão e jornais do dia
(dessa maneira as notícias não se perdem em sonhos aleatórios)

Quando acordar
De manhã
O ralo do bueiro é que esquentará o pão
o regador enferrujado servirá o café

A escova de dente
Dizem alguns, fora roubada
Mentira!
Presente do Seu Osório, o da farmácia

O terno é de linho surrado
com emendas de canudos de refrigerante
O homem não é insano

"The man who sleeps on the park bench
Invented the blanket,
Ohe real one.
Made of cardboard and the day's newspapers
(this way, the news does not get caught on random dreams)

When he wakes
In the morning
The drainpipe will warm up the bread
the rusty sprinkler will pour out the coffee

The toothbrush
Some say, was stolen
Lies!
A gift from Mr. Osório, from the drugstore

The suit is weathered linen
with patches made of soda straws
The man is not insane
Neither are his ideas
It's his adaptation of the world that is free

His watch doesn't have a hand
That's why he's never late

He supports himself and helps others
Has his dependents

Sells peanuts out of a kerosene can
Two for one
Three for two

The nail on the tree is his office
The lottery draw
(- if he had any spare cash, he'd play his numbers)

his comb is his fork
his wallet a pack of cigarettes
the match box his tambourine
the car mirror his Narcissus

his joy the same as everyone's
a bit more toothless, perhaps
with a smile of gold on the corner of his mouth
adapted smile
in a golden Nestlé
chocolate wrapping." • **ROBERTO VALENTE**

Dona Júlia

"As coisas, às vezes a gente ganha, às vezes acha. Alguma lata, um garrafão, uma garrafa de coca-cola já enche d'água.

Caixote de feira vale pra muita coisa. Se o gás acabar, acende um foguinho, cozinha com a lenha, serve pra sentar, serve pra criança dormir, serve pra botar as coisas dentro, pra não molhar quando tá chovendo, muita coisa. Um caixote de feira, dá pra inventar uma cama, um berço, dá pra guardar as coisas, vira um armário, um armário assim de cozinha. A gente inventa um monte de coisas.

Ói, eu num posso explicar minha vida toda...

Eu fico dentro de casa, qualquer casa que eu tiver. Fico dentro de casa, mas gosto de viver no campo. Gosto de casa, mas gosto de viver mais é no campo. Que aqui é como se eu tivesse numa loca de pedra, na friagem, tipo.

E o encanto, né? Eu gosto de viver assim no campo. Mas as pessoas não sabem de nada. Diz: ah, fulano tá vivendo por ali, coisa e tal e tudo...

A gente vai levando a vida devagar, enquanto pode. É tipo uma promessa. Até o dia que Deus me liberar. Já saí pra vários lugares e não consegui. Tive em Japeri, tive em Campinho. Agora tô lá no Rio das Pedras. Mas eu saio pra rua.

A rua é meu encanto.

"Stuff, sometimes we get 'em, sometimes we find 'em. Some can, a gallon, a bottle of coke fill it right up with water.

Market crate is good for loads of stuff. If we run out of gas, light a little fire, cook with kindle, good to sit on, for kids to sleep in, to put stuff inside, to keep dry when it's raining, lots of things. A market crate, y'can invent a bed, a cot, keep stuff, turns into a wardrobe, a kind 'a kitchen unit.

We invent loads of stuff.

Hey, I can't 'xplain my whole life...

I stay indoors, anything I got. I stay indoors but like to live in the country. I like indoors, but I like better to live in the country. 'Cause here it's like I'm in a stone cave, in the weather, like.

So what about the enchantment, huh? I like to live out in the country. But people don't know nothing. Saying: oh, so-and-so is living out there, like that and so on...

We live life slowly, until we can. Kind 'a like a promise. 'Til the day that God frees me. I've gone to loads of places and couldn't make it. Been in Japeri, in Campinho. Now I'm at Rio das Pedras. But I go out to the streets.

The street is my enchantment.

I reckon it's got like, d' know, a better air for me.

Ain't no use setting up. Every which spot I set up, gotta always be leavin'. Always an excuse. I reckon

Dona Júlia

Eu acho que tem mais assim, sei lá, um ar melhor pra mim.

Não adianta arrumar. Todo o cantinho que eu arrumo tem que tá sempre saindo. Tem sempre uma desculpa. Eu acho que o que é meu tá pela rua. A luz de Deus, a fé, compreendeu?

O meu sonho é mistério, deixa andar, deixa correr.

Meu é só mistério. Não adianta tentar, ir lá, ir cá, não. Cabeça roda. Fazer bem aos outros... Posso receber mal, mas tenho que fazer o bem. Meu é só mistério.

A gente podendo ter uma vida melhor, seria bem, mas, pra quem tá um pouco bem desprevinida, sem recursos...

Então a gente leva a vida devagar... como Deus pode."

what's mine is out on the streets. The light of God, faith, y' know?

My dream is mystery, let it walk, let it run.

Mine is just mystery. Ain't no use trying, goin' there, goin' here, no. Head spins. Do good to others...I might get bad done, but I gotta do good. Mine is just mystery.

If we could have a better life, it'd be good, but if you're a little bit unprovided, penniless...

So we take life slow...like God can." • **DONA JÚLIA**

"Eu não monto cama nenhuma. Eu só ponho o papelão, o cobertor e a colcha para se cobrir, conforme eu estarei aqui agora."
"I don't put up no bed, I just lay down the cardboard, the blanket and the quilt to cover up, like I'll be here now." • **CÉLIA**

Célia

"O que eu tenho é debaixo da marquise, debaixo de chuva, debaixo de sol. Aonde eu paro é em frente aqui à delegacia, que eu durmo. E ando pra sobreviver. Peço comida na rua e dinheiro aos outro na rua. Até agora eu já fiz touca, negócio de tricô e crochê, mas roubaram. Na rua, roubaram 2 agulhas, a lã, roubaram tudo, então parei de fazer as coisas.

Carrego roupa de cama, uma colcha, um cobertor e roupa de vestir e a vasilha de pedir comida, esmola na porta dos pessoal, das madame.

Quando eu tenho dinheiro eu compro. Quando eu não tenho eu bato palma e peço em restaurante, em botequim. Qualquer pessoa que quiser dá. E pensão também. E de noite eu venho pra cá e durmo aqui. De dia eu ando pra lá. De noite, tô aqui. Eu não monto cama nenhuma, eu só ponho o papelão, o cobertor e a colcha pra se cobrir, conforme eu estarei aqui agora. É só isso. No frio eu jogo a colcha por cima e boto esse pano na cabeça pra tampar o ouvido. Que eu tenho pobrema de ouvido, que vaza noite e dia e a tosse que tá pegano madrugada toda. No carrinho tem vasilha de pegar comida, roupa de cama (um cobertor e uma colcha), sabonete, escova de dente (não tenho dente, mas eu carrego, que tem quatro ainda para tirar), documento (certidão de nascimento, carteira profissional – sem assinar).

"What I got is under the marquise, under the rain, under the sun. Where I stop is here in front of the police station, where I sleep. And I walk to survive. I beg for food on the streets and money from others on the street. I've already made hats, knitted and crocheted stuff but it got stolen. On the street, they stole 2 needles, wool, they stole everything, so I stopped making stuff.

I carry bedding, a quilt, a blanket and clothes and a bowl to beg for food, beg for money on peoples doorsteps, classy lady's doorsteps.

When I have money I buy. When I don't I clap and beg at restaurants, at pubs. Whoever wants to, gives. At hostels too. And at night, I come round and sleep here. During the day I walk over there. At night, I'm here. I don't put up no bed, I just lay down the cardboard, the blanket and the quilt to cover up, like I'll be here now. That's all. When it's cold I throw the quilt over meself and put this cloth on my head to cover up my ear. 'Cause I got ear problems, it leaks day and night and the cough that acts up the whole nightlong. In the cart there's a bowl to get food, bedding (a blanket and a quilt), soap, toothbrush (I aint got teeth but I hang on to it, 'cause I still got four to yank out), ID (birth certificate, work license – not signed).

When I was 15, 18 more or less, I fell on the streets – here to this day – just turned 57 on May 21st.

Dos 15, 18 anos mais ou menos que eu caí pra rua e – tô até hoje – 57 que eu completei em 21 de maio.

Violência? Muita coisa. É a pessoa dormindo, gente joga pedra, bota álcool, mata de paulada, muita coisa. O que que a gente pode fazer? Não tenho parente, não tenho ninguém...

No muro dos padres, o rapaz que era meu companheiro tá queimado da cintura pra baixo de álcool e fogo. Saiu de lá pra outro lugar, aí dormiu cheio de cachaça no meio de maloquero, se meteu com os outro e botaram fogo com álcool nele."

Violence? So much. The person's asleep, people toss stones, throw alcohol, beat to death, so much. What can we do? I aint got relatives, I aint got nobody…

At the priest's wall, the guy who was my partner is burned from the waist down by alcohol and fire. He left there for another place, then fell asleep full of booze in with the junkies, he got in with the others and they set him on fire with alcohol." • **CÉLIA PEREIRA DA SILVA**

Célia no canto. • Célia in the corner.

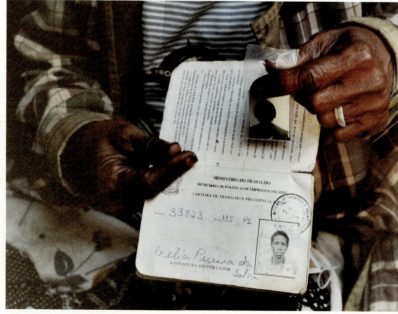

Identidade. • Identity.

Célia e a Santa. • Célia and the Sante.

Cadeira de praia. • Beach chair

Objetos dispostos em um degrau-prateleira.
Objects displayed on a shelf-step.

Rádio e caixa de som. • Radio and sound box.

Caixa de som
**alto-falante, caixa de papelão,
esparadrapo (para vedar a caixa),
fios (que fazem a ligação ao rádio),
furos na caixa para sair o som.**

Sound box
speaker, cardboard box,
duct tape (to seal the box),
cables (which connect to the radio),
holes in the box to let the sound out.

Detalhe da caixa de som.
Detailed sound box.

Armário na dianteira da carroça. • Wardrobe in front of the cart.

Armário com as portas fechadas.
Wardrobe with its doors shut.

Interior do armário: ripas de madeira e eucatex (sobra de campanha política).
Inside of the wardrobe: wooden and laminate strips (leftover from political campaigns).

Célia Regina com a cachorrinha Pantera, na carrocinha-casa. • Célia Regina and the puppy, Panther, in the house-cart.

Espelhos retrovisores da carroça-casa e objetos pessoais de Célia Regina e Evair.
House-cart rearview mirrors and personal objects belonging to Célia Regina and Evair.

Parte de trás do retrovisor direito da carroça-casa: CD e vassoura.

Back of the house-cart right rearview mirror: CD and broom.

Fogareiro	Cooker
2 tábuas de madeira	2 wooden boards
4 cubos de madeira	4 wooden blocks
4 pregos	4 nails
1 lata de óleo cortada	1 cut can of oil.

Fogareiro na traseira da carroça. • Cooker at the back of the cart.

"Isso é o fogareiro, porque isso aqui não é um fogão.
O fogão vai a gás e esse aí vai álcool.
Tem que botar o álcool. Tem que comprar o álcool."
"This is the cooker, because this here ain't a stove.
The stove runs on gas and that one there runs on alcohol.
You gotta put the alcohol in. You gotta buy the alcohol." • **EVAIR**

Fogão de duas bocas na mesma posição. • Cooker with two hubs in the same position.

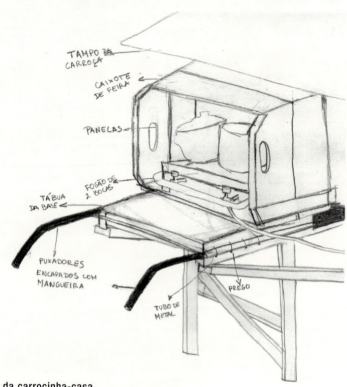

Caixote com fogão, na traseira da carrocinha-casa.
Wooden crate containing the cooker, in the back of the house-cart.

Caixote coberto com toalha.
Wooden crate covered by a towel.

Fogão de duas bocas no caixote.
Two-hub cooker in the wooden crate.

"Aí é a nossa pia." • "That there's our sink." • **CÉLIA REGINA**

Pia (galão de água), bujão de gás com cano ligado ao fogareiro.
Sink (gallon of water), gas cylinder with a hose leading to the cooker.

"O segredo dos meus desejos
é a subida vida dos meus beijos
vida que eu quero guardar
lá para o reino dos céus

vida de Deus
de eus
meu Deus me deu

foi-se embora
foi s'embora
foi s'embooora
foi-se emboora."

"The secret to my desires
is the upward life of my kisses
life that I want to keep
for the heavens above

life of God
mes
my God gave me

gone away
gon' away
gon' awaaaay
n'awaay." • **DANIEL**

Daniel

Daniel carregando tudo o que tem por enquanto. • Daniel carrying everything he owns for the moment.

"Vou usando a criatividade pra viver melhor. Eu ponho no balde e na mochila pra não ficar pendurado, senão fica muito feio, muito abagunçado, não dá, né?"

"I use creativity to live better. I put stuff in the bucket and in the bag so it don't hang out, otherwise looks real ugly, too messed up, no way, right?" • **VERÍSSIMO FRANCISCO REGIS**

Seu Veríssimo

"Veríssimo Francisco Regis, 75 anos. Tens uns 3, 4 anos que uso cadeira de rodas porque minha perna mecânica quebrou. Eu que fui adaptando as coisa à cadeira de rodas. Eu mesmo.

Aqui na cadeira de rodas não tem nada. Só tem uma almofadazinha, uma almofada, travesseiro. É pra de dia e de noite. No caixote que eu tinha atrás tinha era garrafa d'água, às vezes é álcool pra passar no braço. Eu durmo ali perto da praça. Eu durmo em cima da cadeira. Só coloquei essa bolsa aqui atrás. Tenho pouca coisa. É só para guardar minha roupa. O balde também é pra mim pôr minhas roupa. As coisas quem tem atrás da cadeira: isso aqui é roupa, sacola de roupa. E a madeira é só pra eu me encostar. O copinho é pra tomar uma água. Essas correntes, isso aí é pra quando eu sair trancar a cadeira. Ponho cadeado nela, senão nego leva. Se deixar ela solta nego rouba, nego leva. Tem que deixar trancada. Esses copos, isso aí é coisa à toa, pra pegar uma água de vez em quando. E ali atrás é a bolsa pra botar roupa. Pra viver na rua? Ah, tem que ter muita criatividade. Ah, tem que ter, né?

Senão não dá, nego não agüenta não. Essa vida de rua é muito triste, é muito dura. É muito triste, ninguém dá nada. Tem que se virar, é claro, negócio tá brabo, o trem tá feio.

Tenho 44 anos aqui ó, em Copacabana, e quedê? Ninguém chega: toma essa cadeira pro senhor. Quedê quem é que me oferece? Ninguém. Agora,

"Veríssimo Francisco Regis, 75 years old. It's been 3, 4 years that I use a wheel chair because my mechanical leg broke. I went on adapting stuff to the wheel chair. Myself.

There's nothing here on the wheel chair. There's just a little cushion, a cushion, pillow. It's for daytime and nighttime. On the crate I had in back I'd have a bottle of water and sometimes it'd be alcohol to rub my arm. I sleep over there close to the park. I sleep on top of the chair. I just put this here bag on the back. I got few things. It's just to keep my clothes. The bucket's also for me to put my clothes in. The stuffs that's got behind the chair: this here's clothes, bag of clothes. And this wooden board's just for me to lean up against. The cups for drinkin' some water. These chains, that's for when I leave to lock the chair. I put a padlock on it 'cause they'll take it. If ya' leave it loose, they'll steal it, they'll take it. Ya' gotta leave it locked up. These cups, that there's just stuff, to get some water now and again. And there in back is the bag to put clothes. To live on the streets? Oh, ya' gotta have lots of creativity. Oh, ya' gotta, don't you?

Otherwise there's no way, ya' can't take it. This street life is really sad, it's really tough. It's really sad, nobody gives you nothin'. Ya' gotta do what ya' can, of course, it's rough, it's ugly. I got 44 years here ya'know, in Copacabana, and where's it gone? No one comes along: you take this here chair, mister. Where's someone offering me it? Nobody. Now if it's for Edmundo, for

se fosse pro Edmundo, pro Romário, quantas já tinha? Tinha umas três ou quatro, não tinha? Isso aqui não é fácil não. Isso aqui é uma vida de cão.

Sinto falta da cadeira ter um motor pra mim poder andar à vontade, compreendeu? Que ela com motor eu vou aonde eu quero com aquelas baterias. Aí eu vou pra onde eu quero andar e essa não, tem que empurrar. Eu já tô cansado de empurrar cadeira, já tô velho, não güento mais. Vai chegar um tempo que eu não vô güentar empurrar ela mais. E não tem dinheiro pra pagar uma pessoa pra tá me empurrando pra lá e pra cá. O problema é esse.

Eu tenho que fazer isso porque a necessidade obriga. O principal é minha casa, né? Não vou trocar minha casa por uma cadeira. A necessidade obriga a fazer isso. Não substitui não. Absolutamente. Minha casa é minha casa, não dá pra comparar a cadeira com uma casa. Eu, é que é muito difícil eu ir lá. É longe. Minha mulher vem aqui quase todo dia me visitar, meus filhos. É muito incômodo pra mim pegar ônibus, descer, entendeu? É muito difícil. Eu fico aqui em Copacabana mesmo. Durmo por aí mermo. Tenho muito conhecido aqui. Eu dormia, eu tinha até um quarto aqui em cima. A síndica me pôs pra fora. Falou que precisava do cômodo. Tá lá vazio até hoje. Não tem problema, tô na luta, tô aí. Uma fecha, duas abrem.

Uma porta se fecha, duas se abrem. Ô, tenho muita experiência nessa vida. Tô acostumado com essa luta, acostumado com essa vida. Não esquento minha cabeça, tá? Não esquento mermo, não vô esquentá. Mas não tem pobrema, não. Minha vida é essa.

Perdi minhas pernas com 19 anos, tô lutando até hoje, tô aí. Vô esquentar a cabeça? Não vô, né?

Romário, how many'd be here by now? There'd be some three or four, wouldn't there? This here ain't easy. This here's a dog's life.

I could use with the chair having a motor for me to move around more like I want, understand? 'Cause it having a motor, I go where I want with those batteries. That way I go where I wanna go but not this one, ya' gotta push it. I'm tired of pushing chairs, I'm old, I can't take it no more. The time's comin' when I won't be able to push it no more. And I ain't got money to pay a person to be pushin' me this way and that. That's the problem.

I gotta do this 'cause need makes me. The main thing's my house, ain't it? I ain't swoppin' my house for a chair. Need makes me do it. I don't substitute. Absolutely not. My house is my house, ya' can't compare a chair with a house. Me, it's that it's very hard for me to get there. It's far. My wife comes here almost everyday to visit me, my kids. It's really uncomfortable for me to be takin' the bus, gettin' off, ya' know? It's really hard. I end up stayin' here in Copacabana. I end up sleepin' round here. I got lots of mates round here. I used to sleep, I even had a room up here. The super kicked me out. She said she needed the room. It's up there empty still. No problem, I'm in the fight, I'm still around. One shuts, two open.

One door shuts, two more open up. Hey, I gotta lot'a experience in this here life. I'm used to the fight, used to this life. I don't worry my head none. I really don't worry, won't worry. But there ain't no problem. That's my life.

I lost my legs aged 19, I'm fighting 'til this day, I'm around. Am I gonna worry? No I ain't, am I? It's all just fine. The only thing I can't is go hungry. Or my kids, or my wife living in destitution, screw the rest. 'Cause the

Tá tudo é bom. A única coisa que eu não posso é passar fome. Nem meus filhos, nem minha mulher passando necessidade, o resto se dane. Que a única coisa que eu posso fazer mesmo é pedir. Que eu não vou roubar, não vou matar. Tá certo? Eles vão me arranjar emprego pra mim? Vão? Não vão. Não vão me arranjar emprego. A idade e o defeito. Como é que eu vou trabalhar? Hein? Dentro do Rio de Janeiro, eu vou trabalhar de quê? Tem é que pedir mermo e olhe lá, o que que eu vou fazer? Se eu for inventar aqui, for pôr um negócio aqui, qualquer coisa, o rapa vem e leva. Ninguém deixa trabalhar, tá bom? Posso fazer nada. A única coisa que eu posso fazer é pedir. Se eu ponho um bagulho aqui pra vender, umas balas aqui, ele vem e leva. Vou fazer o quê? Trabalhar não pode, pedir pode."

only thing that I can really do is beg. 'Cause I ain't gonna rob, I ain't gonna kill. Right? They gonna find me a job for me? Are they? No they ain't. They ain't gonna find me a job. The age and the defect. How am I gonna work? Hun? Inside Rio de Janeiro, I'm gonna work as what? What I gotta do is beg if anything, what can I do? If I go and invent over here, go and stick something over here, anything, the dude comes and takes it. No one lets me work, alright? Can't do nothin'. The only thing I can do is beg. If I put some stuff over here to sell, some candy over here, he comes and takes it. What can I do? Can't work, can beg."

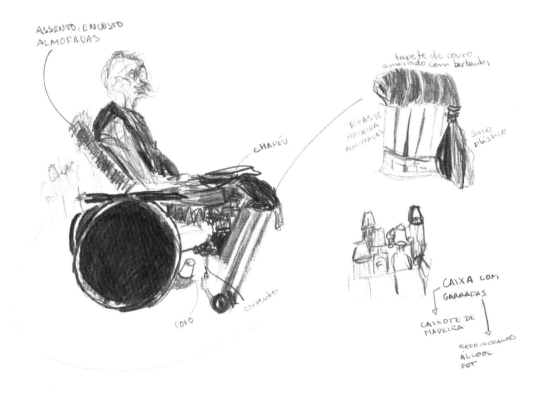

"Eu uso óculos sem lente porque não tenho nada nos olhos, graças a Deus. Agradeço a Deus que sou perfeita, né? Não tenho nada nos olhos, só tenho na pálpebra, que é caída um bocadinho. Meu pai tinha esse defeito e eu nasci assim. Eu para corrigir só uso esse aparelho."

"I wear glasses without lenses 'cause I ain't got nothing wrong with my eyes, thank God. I thank God I'm perfect, right? Ain't got nothing in my eyes, just the lid, that's a tad droopy. My dad had that defect and I was born like this. To correct it, I just use this device." • **DONA PEQUENA**

Dona Pequena

Dona Pequena usando seus óculos especiais. • Dona Pequena wearing her special glasses.

"O doutor não cobra. Ele me dá o óculos de graça.
Então ele passou a fazer o óculos, mas é chumbado na peça.
Já roubaram diversa óculos desse.
Já mais de vinte anos que eu tenho.
Esse que eu tô usando já tá em uns dez anos e pouco já.
Uns vinte anos correntes, quinze anos.
Esse não vai descolar porque é chumbo na peça.
Ele é pregado mesmo na peça, chumbado.
E o outro era enfiado na pecinha.
Botava aquela cola própria, mas soltava.
Muita gente tá com isso nos olhos e procura a ótica pra fazer.
Isso dá dinheiro, porque muita gente procura essa ótica."

•

"The doctor doesn't charge me. He gives me the glasses for free.
Then he started making the glasses but it's welded on the piece.
Many of these glasses have been stolen from me.
I've had it for more than twenty years.
This one I'm wearing is already more or less ten years old.
About twenty ongoing, fifteen years.
This one won't unstick 'cause it's welded on the piece.
He's fastened on to the piece, welded.
And the other one was put through the little piece.
We'd put that special glue for it, but it would let go.
Lots of people got this in their eyes and go to the opticians to make it.
There's money in it, 'cause lots of people go to that opticians."

"Quando botava colado, caía a peça,
eu
per
dia
a
peça.
De
pois
ele
fez
um
chumbado na peça. Porque os

olhos mexem e o outro descolava. Esse
não
des
cola.
O
outro
era
com
cola,
da
quela
cola especial, e esse é chumbado na peça."

"When we stuck it on with glue, the piece fell off, I'd lose the piece. Then, he made one welded on the piece. Cause the eyes move and the other would come off. This one doesn't come off. The other one was with glue, that special kind of glue, this one is welded on the piece." • **DONA PEQUENA**

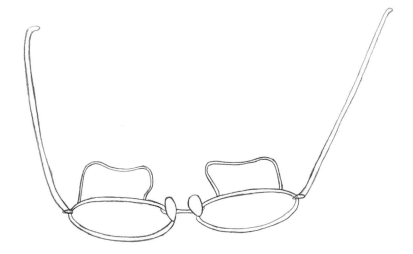

"Que eu não tenho nada nos olhos, graças a Deus. Graças a Deus, ressecamento, nunca deu. Posso piscar bem, graças a Deus. Posso tirar para dormir. Posso dormir e tudo com o aparelho. Não incomoda nada, nunca incomodou. Meu irmão também nasceu assim. Mas aí, quando a minha mãe morreu ele sumiu lá pra São Paulo. São Paulo já não sei se tem família. Já morreu há muitos anos. Não sei se deixou família. Meu pai tinha isso nos olhos também, mas não usava nada. Enxergava melhor que muita gente que tem o olho perfeito, meu pai. Comecei a usar devia ter uns 16 anos, 17 anos, 15 anos quando comecei a usar. Desde criança. Eu fiz esse óculos na Ótica Fluminense. Dr. Barros me deu a receita, mas agora eu estou fazendo na ótica do Dr. Eduardo. Quem inventou foi a Ótica Fluminense, mas esse Dr. Eduardo que faz esse óculos, amigo da Dona Júlia. Ele que faz. Essa peça foi o Dr. Eduardo que inventou, que fez esse óculos com essa peça. E fez bem feito, soldado. Ele solda que não sai. Só se não soldar, que cai. O outro era colado com a cola, enfiava aquele ganchinho. Quando eu perdi o gancho, que eu não encontrava em lugar nenhum, eu tive em diversas óticas e eles não acertaram fazer. Foi Dr. Eduardo que acertou: tem que ser chumbada.

"'Cause I ain't got nothing wrong with my eyes, thank God, dryness, never had. I can wink properly, thank God. I can take it off to sleep. I can sleep and all with the device. It don't bother none, never did. My brother was born like this too. But then, when my mother died, he disappeared to São Paulo. São Paulo I don't know if he's got a family. He died years ago. I don't know if he left a family. My father had this in his eyes too, but didn't use anything. He could see better than lots of people that got perfect eyes, my father. I started wearing it I was about 16 years old, 17 years old, 15 years old when I started wearing it. Since I was a child. I made these glasses at the Fluminense Opticians. Dr. Barros gave me the prescription, but now I'm making them at Dr. Eduardo's opticians. Fluminense Opticians invented 'em but this Dr. Eduardo made these glasses, Dona Julia's friend. He makes 'em. This piece here was Dr. Eduardo that invented it, that makes these glasses with this piece. And he makes them properly, welded. He welds it so that it don't come off. It only falls off if it's not welded. The other was glued with glue, sticking that little hook. When I lost the hook, that I couldn't find nowhere, I went to lots of opticians and they didn't get it right. Dr. Eduardo got it right: it has to be welded.

To sleep I sleep there. I sleep here in this corner. I put everything here and sleep here. I sleep peacefully

Pra dormir eu durmo ali. Eu durmo aqui nesse cantinho. Boto tudo aqui e durmo aqui. Durmo tranquilamente aí. Com tudo aí, durmo bem. Estranho nada, não sinto falta de nada. Já me acostumei a tudo, graças a Deus. Mãe de Jesus toma conta de mim e Nosso Senhor Jesus Cristo. Tô pegada com ele. Tenho muita fé. Tenho muita devoção e fé, então, não tenho medo de nada. Graças a Deus que eu tô muito protegida. Qualquer aperto que eu tenho, eu sonho com os santos me salvando. Também tem a polícia aí, qualquer coisa, me salva também, graças a Deus.

Bota o jornal primeiro, depois bota caixote em volta, papelão e bota o colchão em cima, do papelão. Aí depois, eu boto os papelãozinho em volta, mais de noite. Aí eu levanto mais alto, quando eu quero. Chove, qualquer um frio, aí eu vou levantando devagar, o papelão fica alto. Que se cair uma chuva, qualquer coisa, não molha porque o papelão tá alto. Eu levanto mais alto assim quando eu quero. Quando tá calor, eu abaixo. Quando tá muito frio, eu levanto.

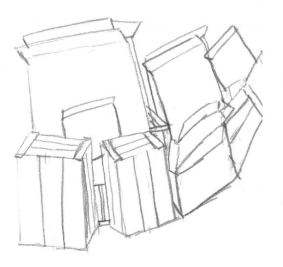

there. With everything there, I sleep well. I don't feel uneasy, don't miss anything. I'm now used to everything, thank God. Mother of Jesus takes care of me and Our Lord Jesus Christ. I'm down with him. I have a lot of faith. I have a lot of devotion and faith so I'm not afraid of anything. Thank God I'm very protected. Any tight spot I'm in, I dream of the saint's saving me. There's also the police around, any problem, they save me too, thank God.

Put the newspaper first, then put crates around, cardboard and put the mattress on top, on the cardboard. Then, I put the little cardboards around, at nighttime. Then I raise it up higher when I want to. Rain, any cold, I lift it slowly, the cardboard goes up high. 'Cause if it rains, anything, don't get wet 'cause the cardboard's high. I lift it up higher like this when I want to. When it's hot, I lower it. When it's really cold, I lift it.

When it's raining, anything with the cold, then I lift the cardboard, put it up higher. It's just putting the boxes, 'cause the roof is big, I can cover it up.

Put the cardboard up in front and you don't get wet.

These here boxes I put up to hold it up, so it don't fall. The cardboard is held up by the box, as it goes up, the cardboard don't fall. Then I put these things to hold it up. If it rains, it won't get wet, 'cause the cardboard can't fall.

The cardboard doesn't turn, doesn't fall. It's the cardboard that covers the rain and covers everything. 'Cause if it's heavy rain, it soaks the person that's lying down. The person has to put the cardboard up right away to cover everything. Some box, some thing because of the rain and the wind. Even the ones lying there on the floor have to cover up with the cardboard,

Quando tiver chovendo, qualquer coisa com frio, aí eu levanto o papelão, boto mais alto. É só botar as caixa, porque o telhado é muito grande, dá pra tapar.

Colocou o papelão na frente e não se molha.

Esses caixote eu boto pra prender, pra não cair. O papelão fica preso pelo caixote, conforme vai levantando, o papelão não cai. Então eu boto essas coisas pra prender. Se houver qualquer chuva, não molha, porque o papelão não consegue cair.

O papelão não vira, não cai. É o papelão que tapa a chuva e tapa tudo. Porque se for uma chuva grossa, já molha a pessoa que tá deitada. A pessoa tem que botar o papelão na hora para tapar tudo. Uma caixa, uma coisa por causa da chuva e o vento. Mesmo quem tá deitado aí no chão, tem que se tapar com papelão, senão se molha. Que a chuva de vento bate em tudo e começa a molhar. Mas o papelão salva a pessoa.

Ali só tem roupa agora, calçado, porque muita coisa foi roubada e eu não estou tendo dinheiro aqui na área. Nunca tive. Só tenho medo. E objeto nunca tive, jóia nunca tive. Quer dizer, só tem roupa porque agora eu vou viajar. Que tudo levaram, meus presentes de Natal, eu saí, quando eu voltei tinham arrombado e roubado. E eu nunca mais tive nada de objeto, coisa cara aqui na área não tô tendo mais. O colchão, o rapaz lá de Niterói trouxe pra mim. Esse colchão já ficou escondido, mas me devolveram outra vez. É um colchãozinho, mas dá pra tapar.

Porque o chão é frio. Eu boto o jornal e boto o colchão em cima. A pedra é fria. Na noite, pode levantar friagem. Então eu boto muitos jornais e coloco colchão, deixando ela quente. Que o corpo quente pode pegar uma pneumonia ou uma tuberculose com

Pequena à noite, no canto onde costuma dormir.
Pequena at night, in the corner where she usually sleeps.

or else they get wet. 'Cause rainstorms hit everything and drench everything. But the cardboard saves the person.

Over there, there's only clothes right now, shoes, 'cause lots of stuff was stolen and I'm not having money around the area. I never did. Only fear. And objects neither, jewelry never. I mean, just clothes 'cause now I'm gonna travel. 'Cause they took everything, my Christmas gifts, I left and when I came back, broken in and stolen. I never had no more objects, expensive stuff around here I ain't having no more. The mattress, the boy from Niteroi brought me. This mattress was hidden once, but they returned it to me. It's a little mattress but can cover up.

'Cause the ground is cold. I put the newspaper and put the mattress on top. Stone is cold. During the night, the cold creeps up. So I put lots of newspaper and the

Caixotes do abrigo. • Crates from the shelter.

a friagem que vai levantando da pedra de noite. Durmo em todo lugar. Nunca tive aperto de nada. Mesmo porque eu tô pegada com Jesus. Não tô pegada com malandragem, nem bandido, nem ladrão.

Eu vivo minha vida tranqüila, porque eu vivo sozinha com Deus e a Virgem Maria e os meus amigos, que me ajuda muito. Eu não compro roupa nem sapato na rua. É tudo ganhado. Ali é uma casinha que eu durmo, que ali fico de dia, descanso, mas não é uma moradia interna, nunca foi. Porque eu não nasci em área e nem minha mãe me teve em área.

Quer dizer, isso é só passageiro, até que eu só tô esperando o contrato para ir embora. Se Deus quiser, vou-me embora.

Muita coisa eu pego em rua, tenho dado muito pros outros. Agora eu parei de pegar muita coisa de rua, mas eu pegava sempre coisa boa. Dava pra Dona Maria, cadeira. Dona Maria é muito antiga aqui. Essa mala eu peguei na rua. Essa daqui também peguei. Muita coisa eles colocam na rua quando eles não quer. Essas fantasias de carnaval fica bonita como almofada. Isso aqui eu peguei na rua,

mattress, making it warm. 'Cause the warm body can catch pneumonia or tuberculosis with the cold that creeps up from the stone at night. I sleep everywhere. Never had no trouble about nothing. Even 'cause I'm down with Jesus. I ain't down with roguery, or bandits, or thieves.

I live my life peacefully 'cause I live alone with God and the Virgin Mary and my friends, that help me a lot. I don't buy clothes or shoes on the street. It's all given. That over there's a little house where I sleep, that I stay during the day, rest, but it ain't an internal dwelling, never was. 'Cause I wasn't born in no area and my mother didn't have me in no area neither.

I mean, this is just passing, 'till I'm just waiting for the contract to leave. God willing, I'm leaving.

"Lots of stuff I pick up from the streets, I've been giving lots to others. Now I've stopped picking a lot of stuff from the street, but I used to always get good stuff. I'd give it to Dona Maria, chair. Dona Maria is very hoary here. This suitcase I picked up off the street. This one here I picked up too. Lots of stuff they put out on the street when they don't want it no more. These carnival costumes look pretty as cushions. This here I picked up off the street, the costume. Don't a cushion look pretty? This umbrella, the Madame stopped the car and took many. And I picked up others. 'Cause you gotta have an umbrella when the rain is falling. The body is hot, might catch pneumonia.

I only got necessity: just clothes, shoes, stuff for traveling, for the trip to Rome. Live in Rome. It's the Pope who's gonna take me there. I made a promise, leave Brazil. And the one who filmed the match over there, the championship reporter that's going, spoke to the Pope

a fantasia. Não fica bonito uma almofada? Esse guarda-chuva, a Dona parou aí com o carro e levou diversas. E eu peguei outros. Porque tem que ter guarda-chuva na hora que a chuva está caindo. O corpo tá quente, pode pegar uma pneumonia.

Só tenho necessidade: só roupa, sapato, as coisas pra viajar, na viagem pra Roma. Morar em Roma. É o Papa que vai me levar pra lá. Eu fiz uma promessa, sair do Brasil. E o que filmou o jogo lá, o repórter do campeonato que vai, falou com o Papa que ele ia me levar pra lá que tá mais seguro. Que aqui a gente não tem segurança. Segurança minha é só Deus, minha mãe de Jesus...

Eu vejo muita morte. Ainda outro dia mesmo mataram um adevogado aqui. Aqui no... Sexta-feira passada, um ônibus foi atacado pra lá e depois o bandido chegou aqui gemado e o corpo do adevogado chegou aqui de ônibus e depois quando tava na caixa eu não quis ver mais. É muita violência.

Eu tô pegando água na rua, tô lavando roupa na rua e tudo. Porque não tenho dinheiro para pagar lavanderia toda hora. Eu trago lá do Seu Dufino, onde eu tomo café, pego por aí tudo garrafa d'água. Aí eu lavo roupa em garrafa d'água. Isso aqui é uma saia que eu vou enxaguar daqui a pouco e botar pra secar. A roupa não pode ficar solta aí, que roubam. Então eu passo sabão, depois eu guardo, enxaguo e boto pra secar. A roupa não pode estar espalhada por aí. Só na hora do sol, eu boto, mas tem que tomar conta, senão roubam.

Eu boto a roupa em cima do caixote pra roupa secar. Bota o jornal e bota a roupa em cima. Tudo esticadinho pra secar.

that he's taking me there 'cause it's safer there. 'Cause here we ain't got no security. My security is only God, my mother of Jesus…

I see a lot of death. Just the other day they killed a lawyer here. Here at…

Last Friday, a bus was attacked over there and then a criminal turned up here moaning and the lawyer's body turned up here in the bus and when in was in the box I didn't want to see it no more. Too much violence.

I'm getting water on the streets, I'm doing laundry on the streets and all. 'Cause I ain't got money to pay the laundromat all the time. I bring it over from Mr. Dufino, where I have coffee, I pick all the bottles of water lying around. Then I do the laundry in bottles of water. This here is a skirt that I'm gonna rinse out in a little while and hang out to dry. The laundry can't be sitting around there on its own, 'cause they'll steal it. So I put soap, then I put it away, rinse it out and put it out to dry. The laundry can't be scattered around. Just when the sun's out, I put it out, but you gotta keep an eye on it, 'cause they'll steal it.

I put the laundry out on top of the crate for it to dry. Put the newspaper and put the laundry on top. All stretched out to dry.

João Paixão, that colored gentleman who walks around with the wand, yeah. He's used that for many years. He's been walking around with that wand for centuries.

Once he had it, the Foundation car took him. The wand stayed over there close to the Roxy cinema. There, a gentleman was saying, asking where'd he go.

He'd gone to the Foundation and they stuck the wand on the post, 'til he left the Foundation and picked

João Paixão, aquele senhor escuro que anda com a varinha, sei. Há muitos anos que ele usa aquilo. Há séculos ele anda com aquela varinha.

Uma vez ele tava, o carro da Fundação levou ele. A varinha ficou ali perto do cinema Roxy. Ali, um senhor falava, perguntava quedê ele.

Ele tinha ido pra Fundação e prenderam a varinha ali num poste, até ele sair da Fundação e pegar. Que ele já é um senhor escuro, né, que anda com uma varinha alta com aquele pininho na ponta. Antigo aqui em Copacabana.

O carro da Fundação levou ele e colocaram a varinha. O carro da Fundação Leão XIII, você conhece, né? Pois é, levou ele e a varinha.

Eles prenderam assim no poste. E o senhor camelô perguntava quedê ele, e a varinha tava presa lá.

Ele tinha ido lá pra Fundação e prenderam a varinha lá no poste até ele sair da Fundação, pegar a varinha. Que ele já tá acostumado. Aquela varinha serve, é o uso dele, natural, que ele já tá acostumado a andar com aquela varinha na mão, com aquilo.

Quer dizer, qualquer lugar que acontecer uma coisa com ele, a gente vê a varinha, conhece ele e tá procurando ele pra saber onde é que foi, onde é que ele tá. Que tá vendo a varinha à toa, não tá vendo ele, vai ver ele sumiu, quer dizer, tu não sabe onde é que ele tá, tem que procurar.

Ou morreu ou houve alguma coisa, foi pra algum lugar. Aquela varinha é a vida dele, que ele anda com aquilo. Pra quando a gente ver a varinha e não ver ele, lembrar dele, procurar ele."

it up. 'Cause he's a colored gentleman, ya'know, and walks around with that tall wand with that little spike on the end. Very ancient here in Copacabana.

The Foundation car took him and put up the wand. The Lion XIII Foundation, you know it, don't you? Well then, took him and the wand.

They stuck it up on the post. And the street vendor gentleman would ask where'd he go, and the wand was stuck up there.

He'd gone to the Foundation and they stuck the wand up there on the post 'til he got out of the Foundation, get the wand. 'Cause he's used to it already. That wand servers, is his use, natural, 'cause he's already used to walking with that wand in his hand, with that thing.

I mean, anywhere that something happens to him, we see the wand, know him and looking for him to find out where he went, where he's at. 'Cause you're seeing the wand on its own, not seeing him, maybe he's gone, I mean, you don't know where he's at, you gotta search.

Either he died or something happened, went somewhere. That wand is his life, 'cause he walks with that thing. So that when we see the wand and don't see him, remember him, look for him." • **DONA PEQUENA**

Dona Pequena estendendo roupa no "varal". • Dona Pequena hanging up laundry on the "clothesline".

Varal: caixotes cobertos de roupa. • Clothesline: crates covered in laundry.

Escritos e desenhos de João Paixão. • Writings and drawings by João Paixão.

João Paixão

João Paixão com sua varinha de proteção. • João Paixão with his protective wand.

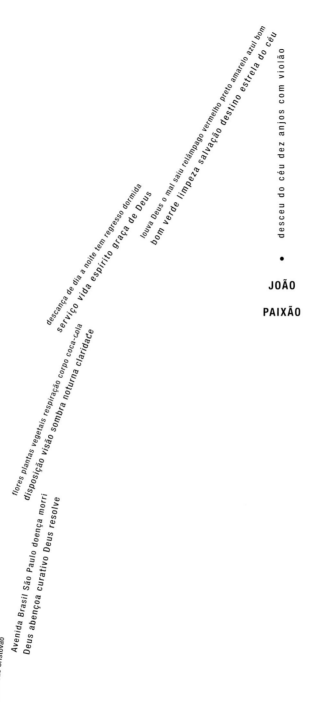

Wand at the height of the dawn protects. I was run over in 1964 in May on São Cristovão Street. Brazil Avenue São Paulo illness died. God blesses bandage God settles. Flowers plants vegetables breath body coca-cola. Disposition vision night shadow clarity. Rests by day at night coming back having slept. Service life spirit grace of God. Praise God evil left lightening red black yellow blue good. Good green cleanliness salvation destiny sky star. Descended from the heavens ten angels with a guitar. • **JOÃO PAIXÃO**

SANTA CATARINA DESEJA UMA BOA NOITE -? VISÃO DISSE O SOL, A LUA, TROVÃO, RELÂMPAGO E AS ESTRELAS DORMIR A VONTADE DESEJA MAJESTADE LUA CASA DE DEUS → CURA LARANJADA

JOÃO

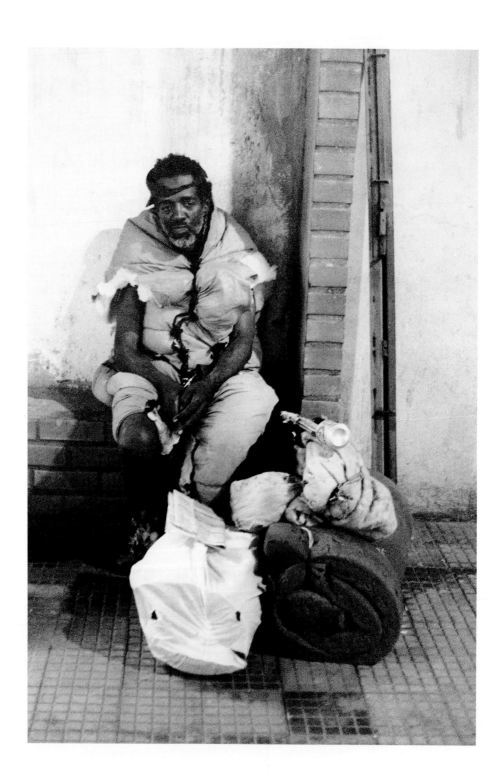

LUA
MALANDRO
VAGABUNDO
ESPÍRITO
SANTOS
VIVENTE
VAGA VIVE
PREÇO - PRÊMIO
SENSÍVEL LUZ

João Paixão com seu colar de papelão dupla-face.
João Paixão wearing his double-face cardboard necklace.

A outra face do colar de papelão.
The other side of the cardboard necklace.

"Desceu do céu dez anjos com violão."
"Descended from the heavens ten angels with a guitar" • **JOÃO PAIXÃO**

Caderno de Paixão. • Paixão's notebook.

Desenho feito por João Paixão para Rua dos Inventos. • Drawing made by João Paixão for **Invention Street**.

Espalhados por toda parte, pelo mundo afora,
inventores e seus inventos.
Mais aberta a janela.
Por suas brechas, vislumbres de Nova Iorque, Paris e Istambul.
E a curiosidade viaja, imagina outras culturas, diversos povos,
cidades desconhecidas em países outros, novos cantos olhar.

Scattered everywhere, throughout the world,
inventors and their inventions.
The window opened wider.
Through its cracks, admire, from New York, Paris and Istanbul.
And curiosity soars, imagines other cultures, various peoples,
unknown cities in other countries, new corners to see.

E Alhures ? . And Elsewhere?

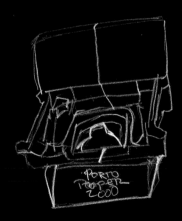

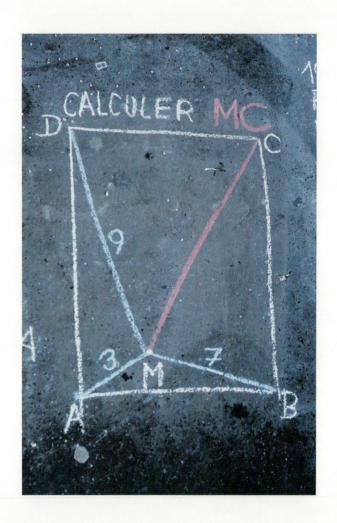

Equação desenhada na calçada. • Equation drawn on the sidewalk.

"Essa sociedade não se pode compreender pelas palavras, só através dos números."
"This society cannot be understood through words, only through numbers." • **JEAN**

Jean e os pombos. • Jean and the pigeons.

Pergunta do dia. • Question of the day.

Gratidão. • Gratitude.

Kid

Olá, meu nome é Kid, sou um homem sem-teto nas ruas.

Sou sem-teto por opção na cidade de Nova Iorque.

É 1999, o ano antes do milênio.

Estou tentando iniciar uma fundação para pessoas sem-teto.

O nome da fundação é HOPE (esperança) para todos os sem-teto do Planeta Terra.

Em todo lugar, inclui todo mundo, vermelho, branco, azul, amarelo, verde, laranja, todas as outras cores no meio, ta bom?

Tento fazer as pessoas sorrirem, me ajudarem na rua.

A melhor maneira de tocar o coração de uma pessoa é conseguir fazê-la sorrir.

Estou aqui fora e estamos na Rua 53 com a 6ª Avenida, a avenida das Américas.

Esta é a maior seção do mundo. O coração da nação da mídia e todos com coração estão aqui fora.

Deus te abençoe e estas são as coisas que faço. E essa é uma delas.

Sou o primeiro homem a colocar um pedágio no meio do Times Square.

Hello there, my name is Kid, I'm a homeless man on the streets.

I'm homeless by choice in the city of New York.

This is 1999, the year before the millennium.

I'm trying to start a foundation for homeless people.

The name of the foundation is called HOPE for all the homeless on the Planet Earth.

That's everywhere, includes everybody, red, white, blue, yellow, green, orange, every other color in between, okay?

I try to get people to smile, to help me out on the street.

The best way to get to a person's heart is to get them to smile.

Now I'm out here and we're on 53rd Street and 6th Avenue, the avenue of the Americas.

This is the biggest section in the world. Heart of the media country and everybody with heart is out here. God bless you and these are the things I do. And this is one of them.

I'm the first man to ever put up a tollbooth in the middle of Times Square.

X-press way • X-press way

Na verdade esse é o terceiro veículo que fiz.	This is actually the third vehicle I made.
O primeiro veículo foi levado. O segundo foi roubado, tá?	The first vehicle was taken away. The second one was stolen, okay?
O primeiro era um foguete. O segundo um porta-aviões com um lança foguete.	The first one was a rocket ship. The second one was an aircraft carrier with a rocket launcher.
Esse terceiro eu acabo de fazer e é época de Natal então pensei em transformá-lo em trem.	The third one now I just made, and it's Christmas time, I figured I'd make it into a train.
O nome do trem aqui é o projeto.	The name of the train here is the project.
O projeto se chama Projeto Esperança: Desabrigados no Planeta Terra, tá?	The project is called Project HOPE: Homeless on Planet Earth, okay?
O nome do veículo se chama Sem-teto 1.	The name of the vessel is called Homeless 1.
Esse é o nome do navio: Sem-teto 1.	That's the name of the ship: Homeless 1.
Adivinhe que é o Sem-teto, sou eu!	Guess who the homeless one is, that's me!
Esse é uma Harley Davidson intergaláctica de 1.000.000 de cilindradas.	This is a 1,000,000 cc Harley Davidson inter-galactic cruiser.
Estou com pouco combustível de foguete.	I'm a little short on rocket fuel.

Quer ajudar um sem-teto a chegar no espaço?

Você faz idéia do preço do combustível pra foguete hoje em dia?

Um dinheirão meu bem, vou te contar!

O lance é que o papelão reciclado que liberaram pra mim na minha missão passada simplesmente não libera potência suficiente.

Sobe uns quarenta andares e cai estourado.

Olhe. Essa é uma bomba ativada por computador.

Você coloca a idade, peso, altura. Regula aqui.

Por isso que se chama Bombatros 2000.

Quero que você registre isso: 'Desabrigados no Planeta Terra. Não se preocupe com o futuro, o presente é só o que tens. O futuro logo será presente e o presente logo será passado. Desabrigados no Planeta Terra.'

You wanna help get a homeless man into space?

You have any idea the price of rocket fuel these days?

Big bucks sweetheart, let me tell you!

You know the recycled cardboard they issued me on my last mission just don't get enough thrust.

It goes up forty stories, comes crashing down.

Look. This is a computer-activated bomb.

You punch in the age, the weight, the height. It regulates over here.

A bomb this size could actually wipe out a person.

That's why it's called the Bombatros 2000.

I want you to get this: 'Homeless on Planet Earth. Don't worry about the future, the present is all thou hast. The future will soon be present and the present will soon be past. Homeless on Planet Earth.'

"E aí, como você está? Tudo bem? Você gostaria de ajudar um sem-teto com uma moeda de cinco ou dez?"
"Hey how are you? You okay?" Would you like to help a homeless man with a nickel or dime?" • **KID**

Camiseta de sem-teto • Homeless t-shirt.

Você quer uma chance única na vida por uma noite que não vai te custar nem um centavo?

Pela chance de ganhar de graça uma camiseta de homem sem-teto? E é por minha conta.

Estamos tendo um concursão aqui no 1º de janeiro às 12 horas, meia-noite.

Você só precisa de um hino esperto.

Deus te abençoe, gatinha.

Would you like the chance of a lifetime for a one night won't cost you a nickel?

For your chance to win a free homeless man tee-shirt? And it's on me.

We're having a big contest here on January 1st at 12 o'clock, midnight.

All you need is a smart anthem.

God bless you, beautiful.

Por falar nisso, preciso te apresentar os guardanapos mágicos.

Só custam um dólar e é garantido limpar a sujeira.

Leve uma dúzia, enxuga o imposto de renda no final do ano.

É como ganhar um guradanapo de graça. Dá pra imaginar ganhar um guardanapo de graça hoje em dia?

Guradanapos mágicos, só um dólar.

Cê sabe onde tá a mágica?

A mágica tá no sorriso das pessoas, dando às pessoas corações grandes, faz elas se sentirem bem.

Sabe como eu tive a idéia do guardanapo mágico?

Veio das lágrimas no meu coração.

Guradanapos mágicos, só um dólar, garantido de limpar a sujeira.

By the way, I need to introduce you to the magic napkins.

They're only a dollar and it's guaranteed to pick up a stain.

Take home a dozen, it's a tax deductible whip off at the end of the year.

It's like getting a napkin for free. Could you imagine getting a napkin for free these days?

Magic napkins, only a dollar.

Ya' know where the magic is?

The magic is in the smile on people, givin' people big hearts, makes 'em feel good.

Ya' know how I came across the magic napkin?

It came from the tears in my heart.

Magic napkins, only a dollar, guaranteed to pick up a stain.

Guardanapos mágicos. • Magic napkins.

"E aí meu senhor? Como vai hoje?" • "Hey what's up sir? How are you today?" • **KID**

"Aonde você vai no banheiro?"

Tipo, não é por nada não, mas não é da minha conta onde eu faço minhas coisas?

O fim das perguntas embaraçosas: eu chamo de Penico Portátil 2000 da Cagamestre.

A primeira privada sem-teto portátil. O fim das perguntas embaraçosas. Graças a Deus!

Não agüentava mais aquelas perguntas.

Sabe quantas pessoas já chegaram pra mim pra doar isso?

Por falar nisso, eu peguei isso na casa do Howard Stern.

Nunca vi o cara na vida mas peguei isso no porão dele.

Me acertaram com uma lata lá naquele dia.

"Where do you go to the bathroom?"

I mean not for nothin', but ain't it my business where I do my business?

No more embarrassing questions: I call it the Porto Pooper 2000 from Dumpmaster.

The first homeless portable toilet. No more embarrassing questions. Thank God!

I couldn't take those questions no more.

You know how many people came up to me to donate this?

And by the way, I got this at Howard Stern's place.

I never met the man in my life but I got it in his basement.

I got hit with a can over there that day.

  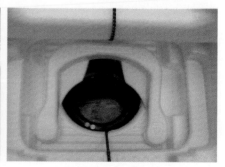

Porto pooper • Porto pooper

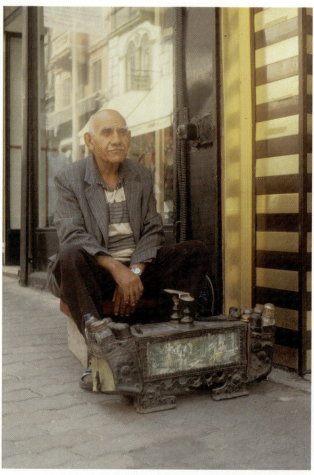

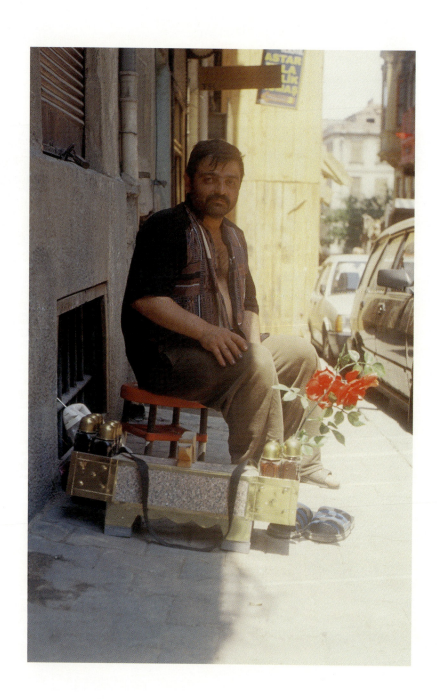

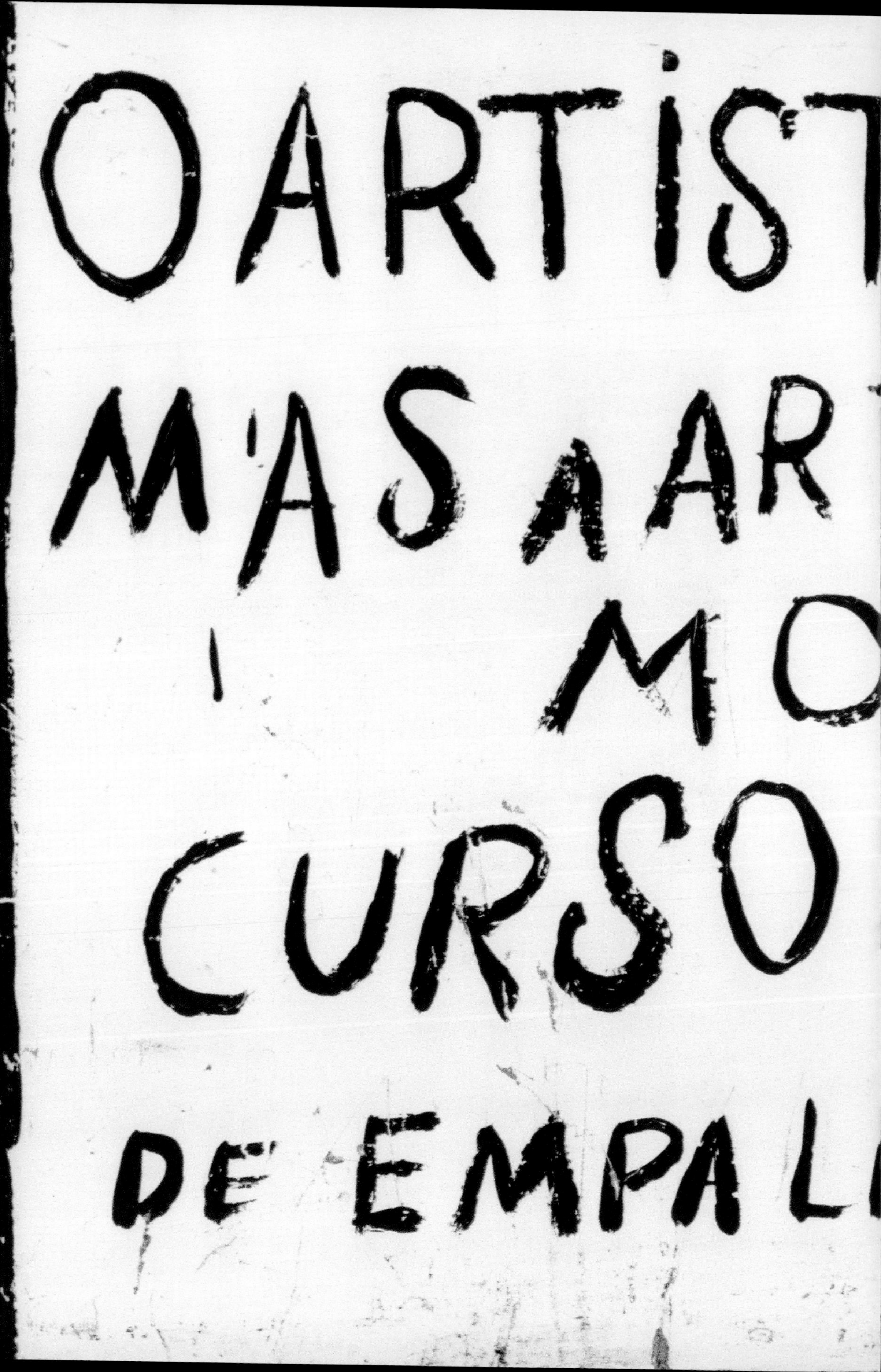

O ARTIST

M'AS A AR
  I   MO
   CURSO
  DE EMPAL

A MORRE
TE NÃO PODE
RRER
GRATIS
IADOR AQUI
          CARLOS

Referências · References

BARDI, Lina Bo. *Tempos de grossura: o design no impasse.* São Paulo: Instituto Lina Bo e P. M. Bardi, 1994.

BARROS, Manoel de. *Tratado geral das grandezas do ínfimo.* Rio de Janeiro: Record, 2001.

_____. *Retrato do artista quando coisa.* Rio de Janeiro: Record, 1998.

BAUDRILLARD, Jean. *O sistema dos objetos.* São Paulo: Perspectiva, 1997.

BLACKWELL, Brody. *G1 (contemporary, design, graphic).* Londres: Laurence King, 1996.

BOURDIEU, Pierre. *A economia das trocas simbólicas.* São Paulo: Perspectiva, 5. edição, 1998.

BURSZTYN, Marcel (org.). *No meio da rua: nômades, excluídos e viradores.* Rio de Janeiro: Garamond, 2000.

DORFLES, Gillo. *O design industrial e sua estética.* Lisboa: Editorial Presença, 3ª edição, 1991.

ESCOREL, Ana Luisa. *Brochura brasileira: objeto sem projeto.* Rio de Janeiro/Brasilia: José Olympio/INL, 1974.

_____. *O efeito multiplicador do design.* São Paulo: Editora SENAC, 2000.

GALEANO, Eduardo. *Nós dizemos não.* Tradução Eric Nepomuceno. Rio de Janeiro: Revan, 1990.

GUELMAN, Leonardo Caravana. *Tempo de Gentileza.* Niterói: EdUFF, 2000.

HIDALGO, Luciana. *Artur Bispo do Rosário, o senhor do labirinto.* Rio de Janeiro: Rocco, 1996.

IVENS, Maria. *Le peuple-artiste cet être monstreaux. La communauté des pairs face à la communauté des génies.* Paris: L'Harmattan, 2002.

JACQUES, Paola Berenstein. *Estética da ginga: a arquitetura das favelas através da obra de Hélio Oiticica.* Rio de Janeiro: Editora Casa da Palavra, 2001.

JENCKS, Charles & SILVER, Natan. *Adhocism.* Nova Iorque: Doubleday, 1972.

KAHN, Lloyd (org.). *Shelter.* Bolinas, Califórnia: Shelter Publications, 1973.

LEMINSKI, Paulo. *Ex-estranho.* São Paulo: Iluminuras, 1996.

MAGALHÃES, Aloísio. *E Triunfo? A questão dos bens culturais no Brasil.* Rio de Janeiro: Nova Fronteira, 1972.

MUNARI, Bruno. *Das coisas nascem coisas*. São Paulo: Martins Fontes, 1998.

PAPANEK, Victor. *Design for the Real World: Human Ecology and Social Change*. Chicago: Academy Chicago Publishers, 1985.

_____. *The Green Imperative – Natural Design for the Real World*. Nova Iorque: Thames and Hudson, 1995.

PEVSNER, Nicolaus. *Origens da arquitetura moderna e do design*. São Paulo: Martins Fontes, 1996.

_____. *Os pioneiros do desenho moderno – de William Morris a Walter Gropius*. São Paulo: Martins Fontes, 1980.

RUDOFSKY, Bernard. *Arquitecture Without Arquitects*. Nova Iorque: Museum of Modern Art, 1964.

RUGIERO, Joseph. *Found Objects. A Style and Source Book*. Nova Iorque: Crown Publishers, s.d.

SALOMÃO, Wally. *Hélio Oiticica: qual é o parangolé*. Rio de Janeiro: Relume-Dumará, 1996.

SANTOS, Maria Cecilia Loschiavo dos. *Spontaneous Design, Informal Recycling and Everyday Life in Postindustrial Metropolis*. Anais do Congresso Politécnico de Milão, 18 a 20 de maio de 2000.

SANTOS, Milton. *Território e sociedade*. São Paulo: Editora Fundação Perseu Abramo, 2000.

SNOW, David. *Desafortunados, um estudo sobre o povo da rua*. Tradução Sandra Vasconcelos. Petrópolis: Vozes, 1998.

FILMES

BLOCH, Sérgio. *Burro-sem-rabo*. 30 min.

_____. *Olho da rua*. 77 min.

Agradecimentos · Acknowledgements

Agradecida a todos os que passaram por esta rua e me ajudaram a inventá-la. **Especialmente aos mestres e amigos** • Thankful to all those who walked down this street and helped me invent it. Special thanks to masters and friends:

- Ana Beatriz Andrade
- Ana Branco
- Ana Luisa Escorel
- Bernardo Gebara
- Charles Watson
- Damynhão Experyença
- Déa Márcia Federico
- Dr. Carlos Mayall
- Edna Cunha Lima
- Eliane Siqueira
- Elifas Andreato
- Fernanda Medeiros
- Jards Macalé
- J. C. Bruno
- João José do Mundo
- Manoel de Barros
- Mister Éter
- Mauricio Madureira
- Nellie Figueira
- Otávio Schipper
- Patrícia Moreno
- Pepê Schettino
- Pedro Moraes
- Rafael Cardoso Denis
- Rafael Perrone
- Renato Kamp
- Rita Couto
- Rute Casoy
- Salvador Monteiro
- Tanira Fontoura
- Urian Agria de Souza
- Xico Chaves

O texto desse livro foi composto em Helvetica Neue Condensed c9.5/c16, com títulos em Helvetica Neue c18.5. O papel utilizado foi o Sappi 150g da Sattie e a tiragem inicial foi de 2000 exemplares.

The text in this book is composed by Helvetica Neue Condensed c9.5/c16, with titles in Helvetica Neue c18.5. The paper used was Sappi 150g by Sattie and the initial edition issued 2000 copies.

Equipe Técnica · Technical Crew

Concepção, Fotos, Ilustrações e Edição de Imagens
Concept, photos, illustrations and image edition • **Gabriela de Gusmão Pereira**

Projeto Gráfico
Graphic design • **Laura Escorel**

Tradução
Translation • **Daniela Buchler**

Revisão de Texto
Text revision • **Elisabeth Lissovsky**

Ampliações fotográficas cor
Color photograph enlargements • **Speed Lab**

Ampliações fotográficas PB
BW photograph enlargements • **Jayme Corrêa**

Ilustrações Adicionais
Additional illustrations • **João Gertrudes Paixão**

Digitalização e Tratamento de Imagem
Digital Scanning and Image Retouching • **Open Publish**

Acompanhamento de Pesquisa
Research Assistence • **Claudia Bolshaw** • **Maria Cecília Loschiavo**

Premedia e Impressão
Premedia and Printing • **RR Donnelley**

Copyright © Gabriela de Gusmão Pereira. É proibida a reprodução total ou parcial. Os infratores serão punidos na forma da lei.

CIP-Brasil Catalogação na Fonte | Sindicato Nacional dos Editores de Livros

P491r   Pereira, Gabriela de Gusmão, 1974
         Rua dos Inventos: a arte da sobrevivência = Invention Street: the art of survival / Gabriela de Gusmão Pereira; (tradução Daniela Buchler). – Rio de Janeiro: Ouro sobre Azul, 2004
         208 p. : il.;

         Inclui bibliografia
         Texto em português com tradução em inglês
         ISBN 85-88777-06-1

         1. Invenções – Aspectos Sociais – Brasil. 2. Pessoas desabrigadas – Brasil – Obras ilustradas. 3. Criatividade na tecnologia – Brasil – Obras ilustradas. 4. Fotografia – Brasil.
         I. Título

04-2905.   CDD779
                   CDU 77.04
20.10.04 25.10.04   008051

Esta edição foi patrocinada pela IBM Brasil com recursos incentivados pela lei Rouanet PRONAC 023163 em 22 de janeiro de 2004.
This edition was sponsored by IBM Brazil through resources brought on by the Rouanet PRONAC 023163 in December 22nd, 2004.

PATROCÍNIO   APOIO

www.ruadosinventos.com.br